孔　　子

# 孔　子

●人と思想


内野熊一郎
西村文夫　共著
鈴木總一

2


CenturyBooks　清水書院

# 孔子について

『礼記《らいき》』の檀弓《だんぐう》篇の中に、孔子の晩年、ある日の挿話がみえている。

朝早く、孔子は杖をひきながら、門前《もんさき》を散歩していたが、ふと口ずさんで、低音に歌った。

泰山《たいざん》もやはり崩《くず》れるであろう
橋の横木《よこぎ》だって腐《くさ》りおちるであろう
哲人《てつじん》だって病《や》みしぼむ日がくるであろう

歌い終わって部屋にもどり、南向きの窓下にすわった。門人の子貢《しこう》が、歌声を聞きつけ、「これはたいへんだ。先生は病気になられそうだ。」と、小走りにかけつけてみると、孔子は言った。「おお、もうきたか。……自分は殷《いん》人の子孫だが、昨夜の夢に、殷の礼俗どおりに、応接間の二本柱の中間に置かれて祭られたようだった。いよいよ自分の死期も近づいたらしい。」と。それから寝ついて七日目に世を去られたというのである。

すでに孔子の家塾《じゅく》にはいる門人は三千、一芸に通じたものは七十二人、そして出色の孔門は十哲、と称されるほどである。ところが、その日常生活ぶりの一端はといえば、まことに平凡・正常で、気どらず、飾らず、自然のままの一老翁の姿そのものであったことを、この挿話からよみとることができる。私たちは、人懐《なつ》っこさをしみじみと感ずるのである。

家族と自分、社会と自分、そして人間としての自分が、どうあるべきであるかを、平凡・正常な言葉で説きさとす孔子が、早起きして門前を散歩し、感興のわくままに低音で歌唱する。——そうした情感をも豊かにそなえているひとりの老翁が、そこにいる。そして、山川・風物、ひいては人生、すべては、時の流れの起伏の上に、自然、必然の推移や変遷を遂げねばならないものであり、また、宿命でもある。——こうした天命や宿命を淡々として語りさとす情理の老師が、そこにいる。

弟子と老師——子貢といい、孔子という、それが互いに愛《いと》しみ、あわれみ合って、心の対話を遂げ、慈《なさ》けの恕《おもんぱか》りを果たし合うのである。情味津津《しんしん》としており、全人即応の教育の姿がまさにここにある。

さて、みずから孔子は、殷の公族の後裔《こうえい》であると言った。殷人は紀元前十一、二世紀ごろから高度な文化を開発していた。おそらく孔子の先世は、その殷文化を伝習しつづけていたに違いない。そして孔子は、そのような累積の文化遺産を基礎にし、また、人間生活の調和と安らかさを得るような生活のしかた、秩序を、思考してきたのであったろう。

そこに、殷民族がはやくから天を信仰し、家族の生活形式をつくり、人間の生命を保全し永続することを計った、などの諸点に立脚する孔子の天命重視の考えや人間観、また、孝弟道徳、礼楽理念や、中庸・調和の重視などという思考が、生じているのであり、さらに、それらの根底を深く追求してみて、忠《まごころ》と恕《おもいやり》の情

川の流れに託し、物の変遷を教える

操をつきとめ、これを核心として、人間生活のための原理である「仁愛・仁道」を、確立するにいたった。

孔子前後においても、「兼愛交利」とか、「為我保身」とか、「無為自然」などという、多様な生活の原理は、中国のもろもろの思想家によって唱えられていたが、民族本来の志向に適切な生き方はということでは、やはり孔子の理法がまさっていた。ここに民族三千年の待望を担《にな》った理由がある。

弁説才学に秀《ひ》いでた子貢に、夢物語に託して、通夜の礼式の精神と移り変わりを教えていた。それは世を去る七日前のことであった。しかも、淡々として、夢話をこころみ、死期にのぞむ人の恐れも惑《まど》いもなく、執着などさらにないのである。己《おの》れを尽くして天命をまっとうう澄みきった心境である。こうした心境の老翁にあの歌唱の情感ゆたかなすさびがあり、そして死期迫ればその迫るに応じて、切実なそして現実的な礼俗・秩序を身近に示そうとして、しかも悠然としている。この人柄、この人間性、この情感・情理と英知、そして教化、それらに感動しないものがあるであろうか。

最も人間らしい人間性の典型を、孔子その人に見い出すことができるのである。つぎには、真心《まごころ》からの思いやり、情《なさ》けの心ばえに基づく、人の世の生き方の思想を、ふかぶかと孔子の言説中にみてとることができるのである。

孔子の思想における理想的人間像と、人を愛恕《いとお》しむ情緒心《なさけごころ》との再発見は、それがどんなに、現実の人の世に、深みをそえ、住みよさをもたらしてくれることであろうか。それは大きな夢であるかもしれない。けれども、われわれは、この人の世に、信じてこの夢をかけてみたいのである。いや、かけねばならないのである。それは世界人類の安らぎと平和のためにも。

ここに、孔子を学び、その思想の背景を吟味し、あわせて深く掘り下げてみる必要性とその理由とがある。

孔子の教えは、多くの弟子たちに受けつがれた。時の移り変わりとともに、その色あいにはちがいを生じつつも、死滅することなく、今に至るまで伝えられてきている。このことでは、台湾・欧米の文化界においてはもちろん、中共においても最近の十余年間に、多数の文化人・学者などによって、孔子の思想の再検討と論評とが行なわれているのである。その当・不当はともかく、なおいっそう多方面からする、孔子とその思想の再評価が、進むことは、まことに意義深いものである。

終わりに資料提供に対して、横浜中華学院、神奈川県立外語短大付属今井雅晴氏に謝意を呈します。

内野熊一郎

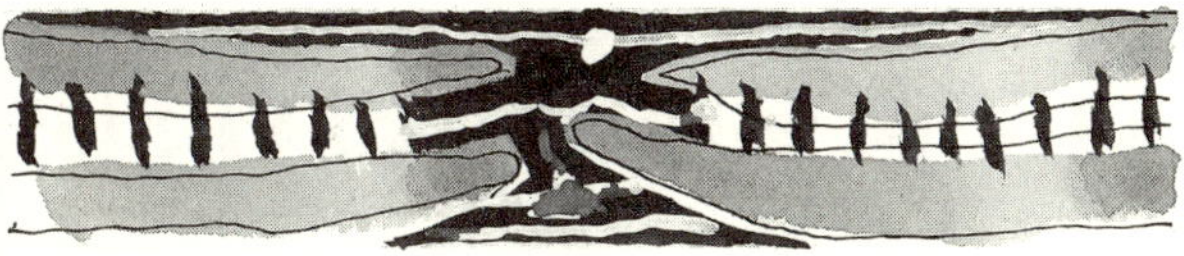

# 目次

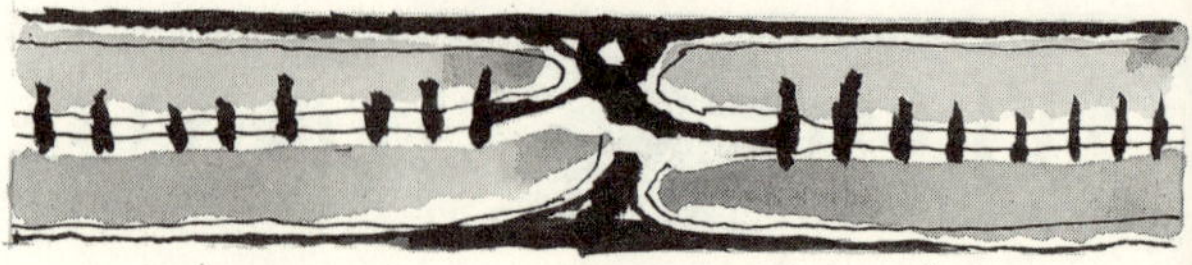

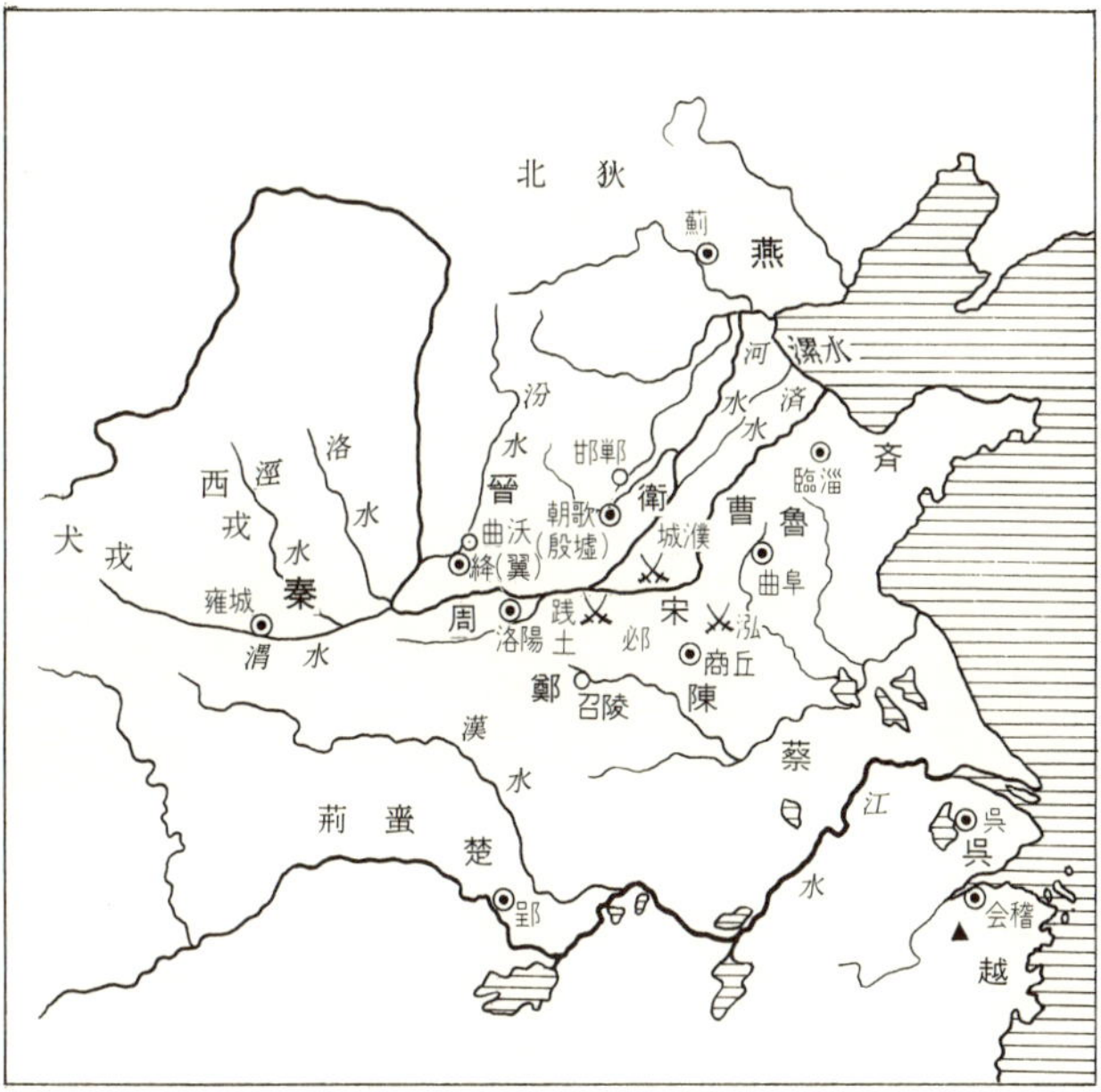
北　狄
薊
燕
濡水
河
水
済
水
汾
水
邯鄲
斉
臨淄
晉
衛
曹
魯
西
戎
涇
水
洛
水
犬　戎
曲沃
朝歌
(殷墟)
絳(翼)
城濮
曲阜
雍城
秦
周
洛陽
践土
宋
泓
必
渭　水
商丘
鄭
召陵
陳
漢
水
蔡
荊　蛮
江
呉
呉
楚
郢
水
会稽
越

春秋時代の中国

# I

# 孔子の横顔《プロフィル》について

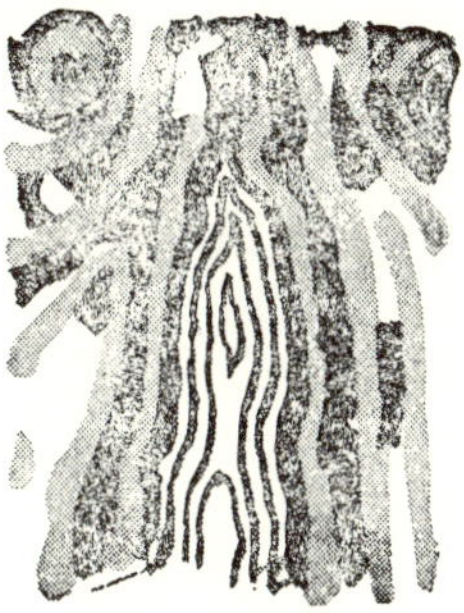

# 孔子をみる人の目

## 孔子とは

この夏は、昨今で最も本格的な夏だと、テレビで報じていた。相手が孔子だということで、ともかく猛暑の中を新装成った横浜中華学院（中華民国系）を訪れてみた。孔子の研究者で鳴っている校長の張樞先生、教務主任の林継堯先生、中国語の達者な小原武三郎先生にお会いしてみた。

もともと孔子がどういう性格の聖人であるかなどということについては、古来、東洋・西洋の学者もいろいろと賛辞を呈してはいるけれども、理解しにくいのである。きわめて簡単明瞭に孔子の人となりについて論評したものも、いたって少ないのである。といって、複雑な論評ではとても孔子のプロフィルはとらえにくく、また逆に短編であっては、ともかく断片的すぎていて、ともども困惑するのである。張校長は「日本には、孔子さまが、いろいろな形ではいってきていますね。もちろん、それぞれの時代で、孔子さまをみる人の目はちがうし、また、孔子さまの言行や記録などの関係もいろいろありますが、それよりも、何といっても漢代でどう評価されたか、これをみてみたらどうでしょうか」という趣旨のことを、きわめて流麗《りゅうれい》な日本語と中国語でチャンポンに話しておられた。

たとえば孔子の人となりということでは、『論語』の憲問篇に、つぎのようなことが述べられているのである。「孔子の門人の子路が、孔子の用事で本国の魯《ろ》の国に帰るときのことである、石門（魯の町の外門）というところにきたとき日没で門が閉じていた。そこで門外に一宿し、翌朝、石門の開くのを待ちうけて通ったところ、晨《しん》門（門番）が時刻のあまりにも早いのを怪しんで、あなたは、どこからきましたかと聞いた。子路は、孔子のところからきましたが、と言ったら、門番は、『ああ、あの孔子か。あの時勢のだめなことを知りながら、社会、人道のため、奔走、努力してやまないお方か』と言った。」とある。これは、孔子が、道をもって自ら任ずることに厚いものがあるという真意を理解しないで、門番は、孔子の高踏隠遁的な態度を見て、嘲《あざけ》ったということである。それはそれとしても、この門番の言は、孔子一生の真面目さを評し得た言葉として、注意しておかねばならないようである。以上は他の人が、孔子をどう評価していたかの、一つの見方である。時勢の不可なることを知りながらも、やむにやまれぬ赤心（誠意）熱情から、東奔西走、列国に周遊して、道を伝え、教えを説いたことでは、『かくすればかくなるものとは知りながらやむにやまれぬ大和魂』の辞世の句を残した吉田松陰に何となく似てくる。似て非かもしれないが、忘れてはならない孔子の一面に通ずる

東洋の三聖人
（左から、仏陀、老子、孔子）

何物かがありそうである。

つぎに、同じ『論語』の述而篇につぎのようなことが述べられている。楚《そ》の国の葉公《しょう》（葉県の長官）が子路に孔子のことをたずねたが、子路が答えなかったというので、孔子が言った。「お前は、その人となりは、〔学問に〕発憤して食事も忘れ、〔道を〕楽しんでは心配事も忘れ、やがては老《お》いてくることも気づかずにいる、というようになぜ言わなかったか」と。これは、孔子の自己紹介的な自評とされている。

この二つが重なり合って、孔子という人の人柄がよく写し出されてくるものと思われる。その他に、もし『論語』を持っておられたら、たとえば為政篇の第四章、公冶長篇の第二十七章を併読してもよい。また、あの有名な皮肉屋で、一代の碩学《せきがく》（大家）胡適《こてき》の嘗試《しょうし》集（当時の中国の新文学である「白話詩集」）で、『孔丘』と題して、孔子の人となりとして、前に引用した二話の、その真意を理解すれば、「もう論語の一部は、すべて不要です。」とまで言っているのである。

なお、孔子の言行を誤解、曲説して、孔子の徳行に欠点を指摘することも行なわれている。あるいは、中華人民共和国では、孔子を、どのように評価しているのか。問題のはらむところは大きいのである。この前段の部分は、しばらく省き、後段の部分については、別に章節を立てて、言及することとして、やはり、この場面では思い切って、そこに譲ることとする。

## 中国思想の流れ

そもそも中国思想は、宗教面を別として、二つの大きな潮流によって区切られよう。その一つは孔子、二つには老子を中心とした思想、精神であろう。ただ、時代と環境とによって、いくらか表現を異にした説もあるけれども、その多くは、いずれも、この二つの思想に帰着されよう。たとえば、孔子の敬天や孝道の精神は、もともと中国古代の国民性によるものである。天を畏《おそ》れ、敬《うやま》う気持ちは中国特有のものではないが、古代の日本やトルコなどでも、太陽崇拝の烈《はげ》しいのに対して、特に天を崇拝するとしたところは、ほかに似た例があるにしても、中国における古代思想の一つの特色としてもよいのである。事実中国には天に関する言葉が多い。たとえば上天、旻天《びんてん》、皇天、蒼《そう》天などそれぞれ異なった気持ちを表わしている。天は宇宙の主宰者、創造者であり、天の至公、至正な態度、形容や現象に暗示を得て、その道徳観念が発想されてきている。道徳の理想、道義の規範はすべて天において示され、万般に対するおごそかな審判は、天意天命の現われだという考え方が人々を支配していた。孔子が天を畏《おそ》れ、天を敬《うやま》った『敬天』は、そのようなところから由来しているが、ここにも西郷隆盛のいう「敬天」に通ずるものを感ずるのである。こうなってくると、たとえばイギリスのホッブズの思想に酷似して、アリストクラシイの香気が強いものに荀《じゅん》子がある。これらを、比較対照しても、あるときは、単なる比較対照に終わることもあるが、問題は、どちらが早かったかというようなことに価値があるのではなく、その徹底性において、また、その包括性においてどうであるか、という視点にしぼられてくる。こう考えてくると、西洋だけでなく東洋の先哲、思想家をも、しっかりと再びかみしめてみる必要もあろう。

# 孔子の祖先たち

## 世界最古の家系

孔子の父は叔梁紇《しゅくりょうきつ》といい、祖父を防叔伯夏《ぼうしゅくはくか》といった。さらに祖先をさかのぼってみよう。その家系は遠く、宋の国の国王であるといわれる。宋とは魯の国の南方九十キロのところにあり、周王朝の前の殷《いん》王朝の子孫の国である。殷王朝は湯王《とうおう》が建国したので、孔子が宋の国の子孫であるとすると、聖人といわれた湯王の子孫ということにもなる。孔子自身も「殷人の子孫です。」と言っているのである。殷が中国最初の確実な実在の王朝と認められたことは、殷墟《きょ》などの発掘によって確実なところである。この社会は、原始の氏族制がくずれて、階級が分化し、王の下に王族、貴族の支配階級および庶民があり、多数の征服民の奴隷が農耕、手工業、家事などに従事し、これらのうえに殷代の文化が栄えていた。殷では祖先神の崇拝がさかんで、祖先神は別名、帝、上帝とよばれ、殷の末ころには天界の主宰者として、天ともいわれていた。神意がウラナイで決まったことは、亀甲獣骨文字に明らかである。この殷にはじめ服属していた周は、前一一〇〇年ごろ、諸部族をよせあつめて殷を滅ぼし、陝西《せんせい》省西安《シーアン》（長安）付近に都を移した。このころ、殷代の天の思想を修正して、革命《かくめい》、放伐《ほうばつ》のいわゆる、王者は徳を修めて、天命を保持すべきであるという思潮がおこった。これはのちの儒家の思想に深い関係を持ってくるのである。これらのことから考えると、孔子の家系は、殷周二代の優美の伝統をおさめたこととなり、同時に中国の古代文化のエキスを集めて、伝えたということになろう。また、したがって、孔子の一門は、その家系の古さも古し、おそらく世界中のどんな家族よりも誇り得べき最古の家系となろう。もし孔子以前に属する家系表に誤りがないとすると、その祖先は、実に七十余代、あるいはそれ以前にもさかのぼることができるのである。

祖先が宋の国王の湣《びん》公、次が子の弗甫何《ふつほか》、その子が宋父周、さらに正考父《せいこうほ》、ついで孔父嘉《こうほか》で、その子が木金《もくきん》文《ぶん》、ついで子が祁文《きぶん》、さらにその子が防叔伯夏であり、この人が孔子の祖父にあたる。その子が叔梁紇《しゅくりょうきつ》ということになる。このうち、実在の人物であろうと推測されるのが、湣公から孔父嘉までの五代のようである。特に正考父は現在残っている『詩経』の中の「商頌《しょうしょう》」という十二編を編集した学者である。また、孔父嘉は宋国の陸軍大臣に相当する大司馬《だいしば》の地位にあった軍人であった。さらに、孔子の父の叔梁紇とその父の防叔伯夏も信用はできそうであるが、中間の木金文あたりになると、これはどうもあやしくなってくる。この家系は、前漢のころ諸国の系図を集めて作成された『世本《せほん》』という書物に載っているのであるが、木金文は、この書物以外には出てこないようである。それに、あの戦国時代の中頃から、中国では、五行《ごぎょう》説が流行し、天地の間には木・火・土・金・水の五つの元素が循環していて、これらが全宇宙を支配するものとして信じられていた。木金という名は、この五行説と関連があるかもしれない。つまり、この家系は、初めの部分と終わりの部分は信用できても、中間は信用しにくいという理屈にもなりそうである。したがって、この系図は全体として作られたものとなろうか。言うまでもなく、系図を作るということは、何も中国だけではなく、日本その他の国を問わず、昔からよく行なわれていたことである。これらから、全体として考えられることの若干は、たとえば、ある時代に顕著な人物がいたからという理由で、その家系を捏造《ねつぞう》する古くからの慣習から、やはり孔子の家系といえども回避できなかったということである。しかし、孔子への異常な崇拝者がいて、祖先を周代まで、あるいは伝承の世界に属するとも考えられる、もっと前の時代にまで、その祖先を探っていく中国人のエネルギーの豊富さには、驚くほかはない。

また、孔子の祖先が王家、さらには帝王と結びつけられてくる理由を、改めて、ここで再考してみよう。その理由の一つとして、孔子への異常な尊敬心のため、その家柄は尊いとしなければならないのであるということがあげられよう。他の一つは、天下を治める帝王と、知や徳が最もすぐれた聖人とは同一の人物であるべきだ、という伝統的な思考から由来していよう。すなわち、孔子は聖人であるから、現実には帝王ではなかったが、昔の帝王となんらかの関係があるにちがいない、という発想法に基づいているのである。

## 悲劇の家系

こうした堅苦しい話のほかに、孔子の家系に残る悲しいロマンスもある。前に述べた孔父嘉は、忠義と誠実さで知られた官吏であったが、その妻はまたたいへんな美人であった。あるとき、大臣の華督《かとく》が彼女を見そめて、自分の妻にしようと考え、陰謀によって夫を殺害して、その妻を横取りしたが、彼女は華督の邸宅へ運ばれる途中で自害して果てている。このことがあってから、孔・華の両家の争いはやまず、勢威のなかった孔家は難を避けて魯にのがれ、その国に仕官して、「防」という村をもらい、防叔が孔家を新しく再建したといわれ、この家系から孔子の生父が出てくるようにもなっている。

こうしたことなどから考えてみると、孔子の祖父の代あたりは、ひどく落ちぶれて、生活も苦しかったようである。そのころの貴族や勢力のある人々は、祖先を祭ることをたいせつに考え、祖先の墓所を本拠として生活していたことからみても、孔家はよほど困窮苦難にみまわれ、町や村を転々として移り歩いたことがしのばれる。名声を得て、落ち着いた生活ができるようになるのは、やっと孔子の父の代あたりからのようである。

# 孔子の出生前後

## その社会的背景

周はもろもろの制度を整え、また領土防衛の必要から一族、功臣に封土を与えて諸侯とし、また、殷以来の土着の首長をも諸侯にして、封建制度をはじめて行なった。諸侯の下には、卿、士という階級をおき、これらが上層階級を構成した。それ以下の階級も同じであるが、父子、老幼といった、それぞれ異なる社会的地位があった。これら相対する人間のあいだに礼儀が厳存し、国家社会には自ら好ましい秩序が生まれ、あるいは秩序が保持されると考えられていた。周が礼政一致の政治といわれるゆえんである。なお、このころの農具は、石器や木器で生産力も低く、農民は血族的な大家族集団をなし、国家の管理する土地がそれぞれの農家にわりあてられ、そこからの収穫を納めさせる、孟子のいう井田法《せいでん》の助法《じょほう》が取られ、支配も安定し、文化の著しい発達も見られた。中国人はその文化を四隣の異民族に誇って、強い中華思想を持つようになっていた。しかし周の繁栄に刺激された化外民族の侵入におびやかされて、前七七〇年ごろようやく周は東方に都を移し、これ以後を東周といっている。この後の五五〇余年は、周の王室の衰えに乗じ、増大した人口を養うために土地の開拓、新領土を求めての隣国への侵入などから、列国のあいだに激しい抗争がはじまるようになった。このころのこと(前七七〇年~四〇三年、あるいは前七二二年

〜四〇三年）を、孔子が魯の史記によってつくった書物『春秋』から名を取って、春秋時代といっている。このあとが大諸侯の対立を現出する戦国時代（前四〇三年〜二二一年。このころの諸国の策謀などを集成した前漢時代の編集である『戦国策』の名から取っている）となる。この二つの時代は、周代の氏族制に基づいた封建制度がしだいにくずれて、中国社会が大きく変貌をとげつつも、文化は発達して地方に普及し、自由競争の激しい時代を迎えながら、秦漢の統一国家の成立につながる一大変革期に当たっていた。

## 孔子の出生

春秋末期の激しい変動期に生まれた孔子の母国は、中国東部（現在の山東《シャントン》省西部）の一小国の魯（いまの曲阜《きょくふ》県）であった。もともと魯という国は、周公の長男伯禽《はくきん》によって開かれた由緒のある国である。周公という人は周の文王《ぶんのう》[1]の子で、しかも武王（殷を滅ぼした人）の弟であり、武王の没後、幼い成王を助けて周王朝の建国の基礎を固めた人物である。そして孔子が非常に尊敬してやまない人であった（六十三ページ参照）。しかし孔子が生まれてから以後の魯は、この誇り高い格式を失って、斉《せい》、晋《しん》、楚《そ》、呉《ご》、越《えつ》などの強国に従属する自主性のない小国に転落しつつあった。孔子はこの国の昌平郷の陬《すう》で生まれた。陬という村は、郰、鄹とも書くが、それがいまのどこであるかは、はっきりはわからない。また、生年は、前五五二年、あるいは前五五一年という説もある。孔子の名は丘《きゅう》という。中国では、自分のことを指すときは名を用いるが、他人がこの名でその人を呼ぶのは礼を失するというわけで、別に字《あざな》というものが

1）文王は、殷の紂王《ちゅうおう》に善政をねたまれて捕えられたこともあるが、いまの陝西省の東端で黄河に注ぐ渭水《いすい》盆地付近を平定して、周の基礎をきずいた人。

あり、これでその人を呼ぶならわしである。字でいえば仲尼《ちゅうじ》という。ところで孔子の死後、三百年もたつと、前漢の武帝のころ司馬遷《しばせん》という著名な歴史家が現われる。この人の史書に有名な『史記』という書物がある。この書物は、中国の歴史書の中で最もすぐれたものであり、それ以後の歴史書の手本となっている。この書物の中に「孔子世家《せいか》」という孔子の伝記をのせた一編がある。これは孔子に関する最も古い、まとまった伝記で、いろいろと批判はあるけれども、これによって孔子の生いたちをみてみよう。

　これによると、孔子の母は、ある冬の寒い深夜に、尼丘という山の頂上にはいつくばるようにして登って祈った。その祈りの報いとして孔子を生んだ。生まれてみると、頭の中央がクボンでいて、まわりが高かった。孔子が丘（小山という意味）と名付けられたのは、そのためであるといわれる。これが事実であるかどうかの判断資料はないが、母親が偉大な力を持つものとしての、神、天、あるいは山などに祈った結果、生まれた子が偉人になるという話はめずらしくないのである。偉人の出生に神秘性を持たせる意味である。孔子の父は叔梁紇、また日叔紇といわれている。叔紇は『左伝』という書物に見られるが、同一人物としてよいようである。これも厳密にいえば、叔紇は孔子の父かどうか不明といえばそれまでのことであるが、名前が酷似していて、叔梁紇、叔紇とも同じ土地の郰人《すうじん》であることにはちがいはない。

　なお、別の本では、孔子が生まれたとき、父の紇はちょうど七〇歳の老人であったという。この年は『史記』によると、魯の襄公二十二年（一説に二十一年説あり）というから、孔子は、中国史上の、まさに、きわめて乱世の時代に、生をうけたということになる。

しかし孔子の生まれた魯は、周公旦《たん》の子、伯禽《はくきん》が治めていたところであったので、いかに世の中が乱れているにもせよ、周公の道は自然に伝わっていて、「道は魯にあり」といわれたほどであるから、孔子は、自然と周公の道に親しむことができたようである。これは孔子の成長にプラスの効果を生んでいたことであろう。

## 武将の父

そのころの支配階級には、国王のほかに、卿《けい》がいた。これは宰相の地位を示し、魯の国では国王の一族である孟孫氏、叔孫氏、季孫氏がこれに相当していた。しかし、これらの中でも季氏の勢力が最も強く、国王をあやつって国政をほしいままにする時期が続いていた。つぎが軍隊指揮官としての大夫《たいふ》、ついで兵士または武士階級の士である。叔梁紇は、その中でも最下級の士の出身のようで、どちらかというと弱気の孟孫氏に仕えていた。ところが孔子の父である紇は、万人にすぐれた体力と不敵な勇気、沈着な気質を備えていたらしい。偪陽《ふくよう》（今の江蘇省嶧《えき》県）で、前五六三年に行なわれた戦いで、その勇猛ぶりが伝えられている。敵の城の中に閉じこめられようとした戦友を救うため、上から閉じられようとする城門を棒でこじあけたという。また、あるとき斉《せい》という国の軍隊が攻めてきたときのことが語られている。もともと斉は魯の北にある強国で、春秋時代を通じて、魯は常に斉におびやかされてきた。この斉の軍隊が防という城を包囲したことがある。城を脱出するときに、叔梁紇は城の守将を城外の友軍にまで届け、さらに大胆にも籠城している城内に帰ったという。こうした功績が認められて、紇は侍大将の地位に昇り、大夫の身分に列せられることとなった。したがって、孔子はこのすぐれた武将の血を引いたためか、背の高いりっぱな体格であったといわれる。

いっぽう、父の、武骨一点張りの栄進は、古くからの貴族たちの反感を買ったようであり、田舎者として、さげすまれたこともあったようである。たとえば、のちに孔子が魯の国の役人になったとき、「孰《たれ》か鄹人《すうひと》の子、礼を知れりというか。」すなわち、いったいだれだ、あの鄹の田舎から出てきた男は、よく礼を知っている学者だなどと言ったのは。—と、魯の国の役人にあざけられたという話が伝えられている。父の紇が教養の高い、礼をよく知った人物であったならば、息子の孔子は、このようにあざけられることはなかったろうに。

## やさしい母

いっぽう、孔子の母は顔《がん》氏の娘で、徴在《ちょうざい》といったという。顔氏は、特別の由緒のある家柄ではなくて、ごく普通の無名の家であったらしい。徴在の結婚については、つぎのような話も残っている。叔梁紇は、この三人の娘の父親に、「お宅の娘さんのどなたか一人を私にいただけないか。」と結婚を申しこんだ。そこで父親は、「だれか紇さんのところへ行く気のあるものはいないかね。もう年よりだけれども、武将としてすぐれた人だし、性格もまちがいはないし、私は、もったいない話と思うんだが。」と、三人の娘に言った。姉二人は、「でも紇さんは、お年よりだしね」と思ってか、ウンと言わない。ところが末娘の徴在が、「お父さんのよろしいように。」と答えた。父親は喜んで、叔梁紇と結婚させたという話が「孔子世家《せいか》」に載っている。

すぐれた武将にほれこんだ父親と、計算高い二人の姉娘、そして父親思いの末娘と、この話は、いささかできすぎているようにも思える。しかし孔子の母が、やさしい人柄であったことを示すエピソードとして受け取ってよいであろう。これに対して、この結婚が、どうも正式の婚姻関係ではなかったらしいという話もある。たとえば、孔子の父は、まず施氏の娘と結婚して九人の娘をもうけたが、期待したあとつぎの息子が生まれてこない。そのため別の女性をめとって男子が生まれた。しかし足が悪かったため、あとつぎにはなりがたいとして、三人めの女性と結婚したという。これが顔氏の娘の徴在で、生まれた子が孔子であるという。この間に前の妻を離婚していたのか、どうかは明らかではない。両親の結婚を正当化し、ましてや儒教の聖人である孔子が庶子《しょし》では、しごく具合が悪いのであろう。しかし、嫡子《ちゃくし》（正妻の子）、庶子（妾《めかけ》の子）とはっきり区別して、両者に貴賤の区別をつけるのは、ずっと後の時代の道徳観であるし、もし、かりに孔子が庶子であったにしても、孔子の偉大さは少しもそこなわれるものではない。それに時代が降るにつれて、孔子をほめたたえるような伝説が加わることはあっても、非難する声はまれである。ましてこの話を今日まで伝えてくれた『史記』をあらわした司馬遷《しばせん》は、当時にあっては公正な歴史家といわれ、また、孔子に共感を覚え、孔子の精神に傾倒したといわれる人だけに、底を流れる気持ちを読み取っていかねばなるまい。

最後に孔子の兄弟について考えてみよう。孔子は次男であって、兄が一人あった。孔子の字である仲尼の仲とは、次男のことらしい。兄の名は、孟皮《もうひ》という説もあるが、正直なところ、これははっきりしない。ただ、この兄には娘があって、魯の国の貴族の南容という人と結婚した、という話が『論語』にしるされている。

# 孤児となった少年時代

## 苦労の多かった少年期

イエス＝キリストに少年時代が欠けて「少年キリスト」の物語がないと同じように、孔子についての少年期を物語るものはやはり少ないのである。したがって、少年孔子に関してはわからないところが多いとされるのが常識である。したがって、孔子の生い立ちのうちの、幼少年期についていろいろの角度から、その人間像を浮き彫りにする仕事はなかなか難事である。

例によって『史記』によれば、孔子は幼い時から遊ぶのに俎豆《そとう》をつらね、礼容《れいよう》を設けたとある（俎はお祭のときおそなえ物をのせる台、豆はお祭のときおそなえ物をのせる丸い容器）から、お祭をしたりお辞儀をしたりして遊んでいたという話は有名である。孔子が礼に重きをおいたのは、すでにこの時代から現われているように思われる。また、これらのことは、おそらく後の時代になって、孔子を尊敬する人々が作った話であったにしても、孔子は幼い時から、遊びでさえも他のこどもたちとは違っていて、おとなをも感心させたというわけである。

ところで孔子は、武将の子として生まれたけれども、少年時代は不遇であった。これは孔子が正妻の子ではなかったからというような点についてではない。当時にあっては、正妻の子ではないということは、社会的にまた倫理的に、ほとんど問題にはならなかったであろう。問題は貧窮のうちに毎日を送らねばならなかったということである。というのは、孔子が生まれたときには、すでに老年であった父が亡くなったからである。孔子が三歳のときのことであったらしい。したがって、孔子は母の顔氏の手で育てられ、早くから実社会に出て苦労して、働かねばならなかった。この間のありさまについては、孔子は後年になってつくづく反省して、『論語』の中で「わたくしは、若いときは身分が低かった。そのためいろいろ苦労して、多くの仕事をしなければならなかったので、今このようにいやしい人々のする仕事が、いろいろできるのだ。」と言っている。そのころの春秋時代の中国は、国と国との争いがひんぱんに行なわれ、国内でも政治的な争いも激しく、にわかに勢力を得て、得意の絶頂にある人も出れば、昨日の栄華はたちまち夢と消え、今日は他国をさすらうものも多いといった時代であった。ちょうど日本でいえば、室町時代の後半、戦国時代の下剋《げこく》上《じょう》の風潮のさかんなころと似ている。したがって、前は高い身分であった武将の子が没落して、ひたいに汗して生活費をかせがねばならないということはよくあることであったのである。孔子の生きる道は、神様におそなえ物をささげるまねごとをしていたということと並んで、年少のころ志したものというと、『論語』で言っている「わたくしは十五歳で学問に志し……」といったように、学問の道にほかならなかった。いわば、いままでの慣れた環境から離れて生きていかねばならなかったのである。これも後の孔子のことであるが、魯の国の小役人となって、事実上、季氏家の倉庫の管理者として働いたり、または、牧場の管理人にもなったことがある。そのいずれの場合でも、仕事に精励し、まじめに、正しく判断して仕事を処理していた。そのため評判がよく、人からも信頼されて、やがてかなり高い地位の役職につくことができるようになったのである。このようにして、若いころから、いろいろの仕事を経験した孔子は、社会の様子を早くから知り、同時に他人に対しては、思いやりの深い人間に育っていったことに違いないのである。

## 武の道はわかりません

孔子はすぐれた武将の子として生まれ、また、その血を引いた人並はずれた体格を持ってはいたけれども、武将として身を立て、没落した家を再興するというような気持ちはなかった。孔子がのちに衛という国に行ったとき、国王（霊公）に軍隊についての陣立について質問されたとき、「おそなえの器《うつわ》のことでありますれば前から知っておりますが、軍隊のことはまだ学んでおりません。」と答えているのである。国王にしてみれば、孔子は大学者だから、何でも知っていることであろうと思っていたからであろう。また、孔子にしてみれば、全然知らないということもないであろうが、このように答えていることから、孔子は軍人として立つ気持ちはなかったといえよう。また、修業時代の一面がしのばれるのである。やはり孔子の生きて行く方向は、学問の道であったのである。同じ『論語』に、「十軒ばかりの村里にも、丘（わたくし）ぐらいの忠信の人はきっといるだろう。丘の学問好きには及ばない〔だけだ〕。」（公冶長篇第二十八章）と言っていることから、孔子が特に心を引かれたのは、周公の作った制度と文化であった。これを裏付けするかのように、孔子はこの周公の夢を何度となくみているのである。すでに考えてきたように、いかに学問の道に志したとはいえ、孔子にとってみれば、そのころの貴族の子弟の普通の方法であった、家庭教師について学ぶことは不可能であった。したがって、孔子は当時十三歳で学校にはいる風習に従って、入学したと考えられるが、特定の、それも特にすぐれた先生について学ぶということではなく、毎日の仕事のあいまに、また、仕事を通じて学ぶという態度で、たえまなく励んでいたのである。これもやはり後になっての話であるが、衛の国の公孫朝が、孔子はあれほどのすぐれた学者であるから、きっと、すばらしい先生について必ずや勉強したのにちがいない。いったい、だれについて学問をしたのかと質問したとき、孔子の弟子である子貢が、「文王・武王の道（周の文王と武王とが伝えた道。孔子の理想とした周はじめの文化の伝統）はまだだめになってしまわないで人に残っております。すぐれた人はその大きなことを覚えておりますし、すぐれない人でもその小さいことを覚えています。文王・武王の道はどこにでもあるのです。先生はだれにでも学ばれました。そしてまた別にきまった先生などは持たれなかったのです。」（子張篇）と答えている。この話は、孔子が、人なり、物なり、事件なり、あらゆるものから必要なものを吸収していたことを示すとともに、若いころ、独力で学問をしたことの苦しさを物語っているのである。

# 十五歳で学問に志す

## 学問への情熱

「十五歳で私は学問に志した」と、のちに孔子は言っているけれども、これはいかに学問に対して早くから情熱を持ち、また、これを愛していたかを示すものである。前にも述べたように、士以上のそれぞれの階級のこどもたちは十三歳を迎えると学校に行きはじめる。学校とはいっても、もちろん、そのころの学校は今とくらべてきわめて幼稚そのものであった。こういう習慣で、孔子も十三歳のころ、学校にはいったのであろう。また、教師には、それぞれの村の長老たちがなり、そこでは詩・書・礼・楽などに関して、ごく簡単な教授が行なわれていた。それも不便な村になるほど、いまのようにすぐれた先生を、どこでも迎えることができるとはいえなかった。したがって、学校でのおもな教授内容といえば、当時の伝統であり、風習ともなっていた祖先を祭る儀式、あるときは先輩に対する礼節、さらに一般に人びとが行なうべきものとされていた道理の類であった。孔子は他のこどもたちと同じように勉強していた。入学して二年ほどたったころ、孔子の学習態度が俄然変わってきたといわれている。毎日毎日の学習に興味と関心を持ちはじめ、他のこどもたちのようにワァワァ騒ぐわけではなく、先生の話をじっと黙して聞き入り、そして特に目立って発言することもない。ただ、時には先生に向かって質問して、解答を求めていたといわれる。そして、特に先生や母に対しては、いろいろとややこしい問題を出しては、解答を求めることもあったらしい。質問したという範囲では、徹底的にその解答を理解しないと気がすまなかったといわれている。

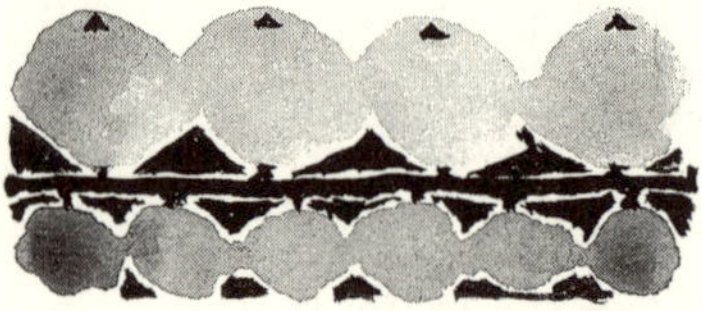

# 母を失う前後の青年時代

## 孔子の妻女

十九歳のとき母のさしずで妻を迎えたときの孔子は下級官吏であった。妻については、はっきりとしたことはわからないが、一説では、宋の并官氏の娘であったという。孔子自身も自分の妻については一言も語ってはいないのである。さて、『論語』の有名な「女子と小人は養い難しとなす。」という言葉は「女子と小人とは取り扱いにくいものだ。」というのであるが、この場合の女子と小人とは、家庭で使役《しえき》しているあまり教養のない男女の使用人ということである。したがって、この言葉を根拠として、孔子は恐妻家であったとか、さらに妻に逃げられたのではないかという人もあるようだが、そうではない。ともかく孔子にはこどもが、男女一人ずつあった。男子の名は鯉《り》といい、字は伯魚といったが、孔子六十九歳のとき先立って世を去り、孔子をいたく悲しませている。伯魚の子が伋《きゅう》で、字を子思といって、すぐれた学者であり、孔子の道の実践者として活躍した人として知られている。女子は『論語』によると公冶長という人に嫁したという。伯魚については、その名に関して、いろいろ伝えられているが、その中にこういう話がある。伯魚が生まれたとき、魯の昭公がこの子の誕生を祝って、一対の鯉を与えたので、名を鯉といったという。このことから考えてみると、孔子は、このころすでに有力者の知遇を得ていたとい

母が世を去るとき

うことになる。

孔子は魯の身分の低い官吏として魯の国に仕えていた。その任務は孔子に取ってみると、もともと持っていた才能を発揮するに足りるほどのものではなかった。倉庫の管理係であったり、牧場で牛羊を繁殖させる仕事であったから。しかし、職務に精励であった。二十歳になったときに教師となり、古来の道を解説することを仕事としたが、孔子が道に関する知識の基礎を獲得したのは、やはりこの期間における不断の研さんの結果に待つところが大きかった。成長して行く中で、孔子は、周公の道を聞き、先王の道に学び、たれかれとなく一芸一能にすぐれた人について熱心に勉強したと思われる。前にも述べたように、孔子には特にこの人と定まった先生はいなかった。このようにして成人していく孔子の評判は、しだいに高くなって、二十二、三歳のときには、もうたくさんの弟子ができていた。二十四歳のとき、孔子は母を失ってしまった。

### 長身の青年孔子

悲しみつつ、母を父の墓に合葬したいと思ったが、父の墓の所在地がわからない。なぜか、母が隠していたからである。このため一応、五父の衢《ちまた》(魯の都の曲阜の中にある一つの街)

に仮埋葬した。後になって、孔子が生まれた陬《すう》村の、葬式の車引きの男の母親で、曼母《まんぼ》といったらしい人が、父の墓の所在地を教えてくれるのである。両親を失った孔子に同情してくれてのことであろう。おかげでやっと両親を合葬することができた。父の墓は魯の東の防山にあった。これらは『史記』の伝える話である。これとは別に孔子の母はもっと早くなくなり、孔子は孤児として育ったという話もある。孔子が老年になって述懐した言葉としては、『論語』の里仁篇で「両親の年齢はおぼえておかねばならない。長命であることを喜び、いっぽうでは、年をとって老年になってきたことを心配するために。」とある。若い弟子たちに説いた言葉であるとしても、若いときに両親を失った孔子の悲しみが込められているように思われてならない。このころ、孔子のところには、向学の青年が各地からかなり多く集まっていたのではないだろうか。さらに、同じ『論語』の述而篇に「先生（孔子）は、近親者を死なせた人のそばで食事をされるときには、じゅうぶんにはめしあがらなかった。先生は、おとむらいで声をあげて泣かれた（これは、弔問者としての礼儀であった）。その日には歌をうたわれなかった。」とあるが、前の言葉と合わせ考えてみて、孔子は、単なる礼儀としてこのような態度を取ったのではなく、自分自身が若い時に親を失ったことから、真実同情の心をこめてとった態度ではなかったろうか。

　成人したころの孔子は九尺六寸もある背の高い偉丈夫であったらしい。たとえば『孟子』などに「五尺の童《わらべ》」という言葉がある。実際には、曲尺《かねじゃく》で三尺三寸であるから、七、八または八、九歳のこどもの身長としては決しておかしくはないのである。また『論語』その他に、頼るべき父を失った孤児の可憐なさまを述べるのに、「六尺の孤」ということばがある。六尺の孤とは、堂々とした大男であって少しもかわいそうな気がしないが、周代の六尺は、今の四尺五寸六分で、十二、三歳の少年の身長にはピタリ合うのである。したがって、孔子の九尺六寸は、今の七尺三寸ばかり（約二・二メートル）に当たるので、事実、非凡の長身の人であり、また、「長人」というのも当たっている。魯の国の曲阜《きょくふ》の孔子廟に、前漢の時代まで保存されていた孔子の衣服や冠は、人並はずれて大きなものであったという。したがって、孔子は人を威圧するのにじゅうぶんな体格を持った人物であったということができる。

孔子は若いころから道を学ぶ学問好きであって、ついにこれを一生の大使命としたが、また、たいへんな音楽好きでもあった。のち、斉《せい》の国に行き、「韶《しょう》」という舞曲を聞いて、三か月ほど肉の味がわからなくなったといわれているほどである。そして「思いもしなかったね。音楽のすばらしさがこんなによいとは。」と言っている。芸術一般について、もともといえることであるが、音楽も若いころから親しく接していなければ、これを好んで鑑賞する態度は、なかなかに身につきにくいものである。孔子は音楽の真実な価値を、身をもって会得《えとく》していたのである。

# 出国と帰国

## 斉国外遊

### 貴族の専横

孔子が三十六歳のとき、魯の君主昭公《しょうこう》は三桓氏――魯の桓公（前七一一年～六九四年在位）から出た家柄なので一般にこういう。魯の貴族中の貴族であった。代々この三家の筆頭者が総理大臣の位につき、三家で政権をたらいまわしに世襲していた。――の追い立てにあって斉に亡命した。闘鶏《とうけい》のもつれから貴族たちが仲たがいしたのに巻きこまれたためであるが、これより以前から君主の零《れい》落《らく》ぶりと三桓氏の横暴ぶりとは目をおおわせるものがあった。

ちょうどこのころ、魯の君主昭公は、前君襄公《じょうこう》の祭りを行なった際、霊廟《れいびょう》で舞楽する舞楽員を集めることができず、たった二人の舞楽員に舞いをまわせてお茶をにごさねばならないという屈辱的な事件があった。本来ならば、諸侯は六人六列三十六人の舞楽員をそろえて祖先の霊廟で祭りを行なうのが正式であるのに、士の行なう二人二列四人の半数という状態であった。ところが三桓の季孫氏の当主の場合には、逆に、周の天子の霊廟でだけ許される八人八列六十四人の舞楽員をそろえて舞楽を奉納した。

孔子はこの目にあまる季孫氏の専横ぶりを見て、「王者の用いる八佾《いつ》の舞を、諸侯に仕える一貴族にすぎない季孫子の家の庭で舞わせている。こんな非礼をとがめずに忍ぶことができるなら、忍べないものなどないであろう。」と、ふんがいしたほどであった。

孔子の考え方からすれば、八佾というような、最も厳粛《げんしゅく》であるべき国家的王者の宗教行事を、一貴族がその勢力を誇示する手段として行なってはばからないのは、礼の権威をぼうとくすることで、とうてい許すことのできないものであった。

孔子は貴族が国家的権威をかってに行使することに、はなはだしいいきどおりをもっていた。「天下に道が行なわれている場合、天下の大権は天子から発動される。天下が乱れてくると、天下の大権は諸侯や貴族の手に握られる。しかし、貴族の手に天下の大権が握られる場合、三代でその国を失い、亡びないものはまれだ。」と述べている。

天下の礼の秩序をみだし、君主を国外に追いだしてしまうような国にはいたたまれない気持ちにかられたのであろう。孔子は一度自分の身を国の外において、母国を眺めてみようと思ったにちがいない。亡命した君主のあとを追うようにして、やがて斉に向かって行くのである。

## 景公と孔子

斉にはいった孔子は、つてを求めて斉の貴族高昭子の家臣となった。すでに孔子の学者としての名はこの国でも知られていたとみえ、君主景公はさっそく孔子を招いて政治についての質問をしている。その時の問答。

景公「政治についておたずねしたい。」

孔子「君が君であり、臣が臣であり、父が父であり、子が子であるようにすることです。」

景公「まことにそのとおり。君が君らしくなく、臣が臣らしくなく、父が父らしくなく、子が子らしくなかったら、いくら食べものが十分あったとしても、われわれは安んじてそれを食って、生をたのしむことができようか。」

また、
孔子「政治というものは財を節約することです。」

景公は孔子にたいへん興味を示し、尼鶏《じけい》(土地の名)の田を与えて孔子を任用しようとしたが、功利主義的学者で『晏子春秋《あんししゅんじゅう》』の著者としても知られている、実務政治家晏子《あんし》の反対によってこれは成功しなかった。

晏子の反対理由は、孔子の主張する儒の立場は礼儀作法を、あまりにわずらわしくしすぎて非実際的である、かりに宮廷の儀礼は整っても、費用がかかりすぎて財政を圧迫し、国民がますます苦しみ、国家の危機を招くおそれがある、というのであった。

晏子は質素を旨とする倹約家として知られ、総理大臣になってからでも「食事に肉を使ったものを二皿食べることはしなかったし、妻は絹ものを着ることがなかった」ほどなので、かれの反対意見に口をはさむものはなかった。そのため孔子を高禄で迎えようとしていた景公も、採用をやめてしまうのである。

孔子は斉で自分の力をふるうことは不可能になってしまったが、斉にいる間に見聞したことが、かれを人間的に大きく成長させたことは収穫であったといえよう。

**斉国見聞**　商工業の発達した斉の都臨淄《りんし》は、当時の中国における最大級の都会であった。主として魯の都曲阜《きょくふ》のような小都市でしか生活したことがなかった孔子にとっては、まさに驚異の大都会といってよかった。

たとえば音楽についての話が残っている。前にも述べたように、孔子は非常に音楽好きで、どこへいくにも楽器を手ばなさなかったといわれる。斉にきて、前述のように、古代の伝説の帝王舜がつくったといわれる「韶《しょう》」という音楽に魅せられて、学ぶこと三か月、ついには肉を食べてもその味がわからぬまでに心酔してしまったということも、別の面では、地方都市出身のいなかものが、大都会できくシンフォニーの美しさに圧倒された例であったともみられぬでもない。

しかし、孔子はしばらく斉にとどまっているうちに、華麗でスマートで進歩的な斉の文化も、素朴で保守的な魯の文化も、本質的にはたいしてかわっていないばかりか、むしろ、一見明るくみえる功利主義的な商工業国の斉よりも、やぼめいてはいるけれども、礼楽を重んじる魯の文化のほうが、周公の創始された文明という観点から見た場合――周公の創始された文明についてはのちに述べる――よりすぐれていることを、はっきりと認識するようになって、こう言った。「斉の国はちょっとかわれば魯の国のようになれようし、魯の国はちょっとかわれば道に到達できるだろう。」と。

孔子がこのように斉、魯のもつ精神文化（道徳・芸術をはじめとするもろもろのもの）を比較して、母国の魯のすばらしさを自覚できた理由はいろいろあるが、一番大きな比重を占めているものは、孔子が魯を出国した直接の原因の一つである国家内部の政権争いが、斉においては深刻の度合いがずっと濃く、母国のそれとは比較にならないほどのものであったことだ、と言える。斉では、お家騒動は、すでに孔子の少年時代から、今に至るまで続けられ、貴族たちが国政をほしいままに牛耳《ぎゅうじ》り、君主の実権は全くないばかりか、その生命までも保障しがたいほどになっているのを、自分の目ではっきりと見たからであったろう。こうして、孔子は、まもなく斉をはなれて、魯に帰った。

## 私立学校の創設

**壮年期の孔子と庶民教育**

孔子は、斉への外遊から帰った三十代の終わり、ないしは四十代のはじめから、五十をすぎて、魯の国でおおやけの官途につくまでの十数年間、私立学校を創設して、子弟の教育に情熱を注いだ。

私立学校といっても、はじめは塾のような小規模なものであったが、教えを受けにくるものをこばまない方針と、独得の教育法が人気を博して、多くの学生が集まった。『史記』では三千人と記しているが、これについてはのちに述べよう。

古代の中国でも早くから学校があったことは、いまではよく知られている事柄である。周代になると天子は辟雍《へきよう》、諸侯は泮宮《はんきゅう》という名の大学をたてた。魯でも泮宮があった。しかし、ここへ入学して勉学できるものは貴族の子弟に限られ、教えを受ける科目も貴族の教養としての科目、主として古典教育ときめられていた。

一般に貴族の子弟は、自分の家に教師をやとって古典教養を身につけることができたし、辟雍や泮宮で勉学することができたから、かれらの日常の会話には、つねに『詩』や『書』（詩経や書経のこと）の言葉が引用されていたし、交際には『礼《れい》』（礼記のこと）を用い、占いには『易《えき》』（易経のこと）を用いた。

ところが、孔子が創設した学校では、貴族の独占的教養であった『詩』や『書』をはじめとする一連の古典を、入門してくるだれにでも教えたのであった。

孔子は、「教育による差別はあるけれども、種類（老若・貴賤、気質・習俗の相違などを指す）による差別はない。だれでも教育によってりっぱになるのだ。」という考えをもっており、「入門のしるしである束脩《そくしゅう》一束《たば》（ほし肉のたばねたもの、当時、弟子が教師のところにはじめて教えを乞いにきたとき持参するかるい手みやげとして礼で定まっていた）をもってきたものは、どんな人でも、わたしは教えなかったということはない。」と言っている。それゆえ、孔子のもとに集まった学生には、三桓氏の一人、孟僖子《もうきし》の遺言で教えをうけに来た息子の孟《もう》懿子《いし》、南宮敬叔《なんぐうけいしゅく》兄弟や宋国の司馬牛《しばぎゅう》など、貴族階級の子弟は例外的存在で、多くは貴族と庶民との中間的身分に属する士階級の子弟であった。孔子はこれら若者すべてに教科をさずけ、紙の発明のまだなかったこの時代に竹簡や木簡にかかれた貴重な典籍を読ませるなどして、教育の門戸を広く一般に開放し、あわせて、人間としてりっぱな人格をもち、かつ国家に有用の人材を養成しようとしたことは銘記されてよいことである。

孔子の学校に集まった士階級の子弟の多くは、習得した学問、教養によって、各国の諸侯や貴族に仕えようとする官僚志望者であったけれども、孔子の教育目標は、あくまでも人格の陶《とう》冶《や》を第一とし、真の人間として生きるうえで絶対必要だと考えられる学問教養を教えることに心をくだいた。孔子は学生に幅広い教養を身につけるように仕向けていったのである。

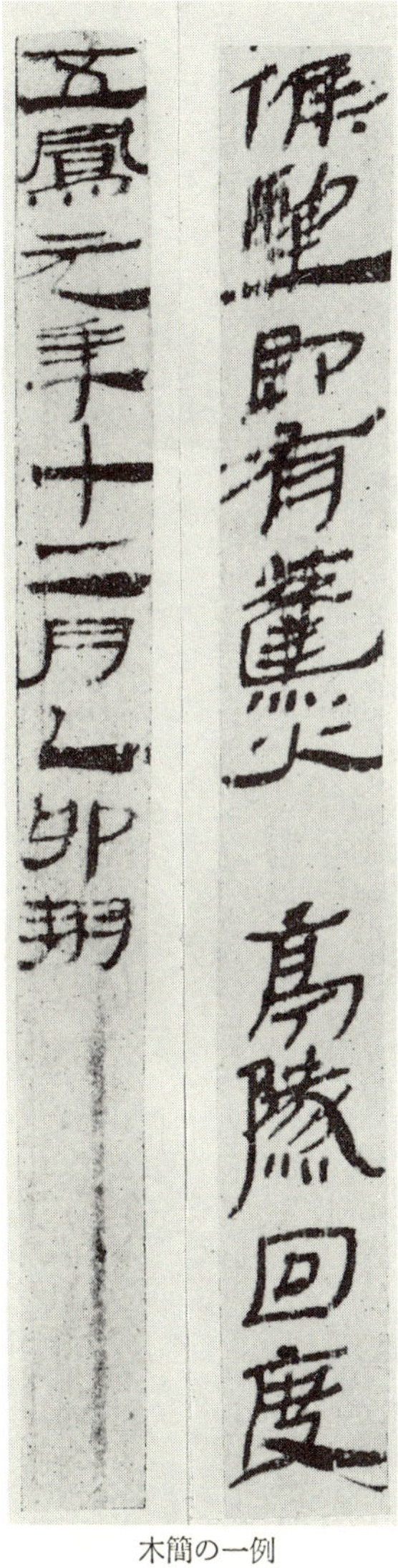
木簡の一例
(漢の時代に書かれたもの)

# 孔老会見

**風雲に乗る龍―老子**　孔子が周に行って、礼を老子に問うたという話がある。老子についてのまとまった記録の最古のものは『史記』の老子に関する部分であるが、それによると、つぎのように記されている。「老子は楚《そ》の苦県《くけん》、厲郷《らいきょう》、曲仁里《きょくじんり》の人である。姓は李《り》、名は耳《じ》、字《あざな》は伯陽《はくよう》、諡《おくりな》して聃《たん》という。――中略――老子は道徳を修めた。その学は自らかくれ、名の現われないことをもって務めだとした。周に居ることが久しかったが、周の衰えるのを見て、とうとう去ろうとして函谷関にきたところ関の令尹《れいいん》（関守《も》りの官名だという）の喜《き》という人に請われたので、書上下篇を著わし、道徳の意を言う。五千余言にして去った。老子の終わるところを知るものはいない。」また、同じく『史記』の孔子に関する部分には、「魯の南宮敬叔が、魯の君に言った。『どうか孔子といっしょに周に行かせてください。』と。魯君は一台の車、二頭の馬、一人の従者を与えた。ともに周にいって礼を問うた。老子に会ったといわれている。」さらに、「孔子は周に行った。礼を老子にたずねようとしたのである。」と。そのほか、『礼記《らいき》』にも、孔子が「礼を老子に聞いた。」とみえているのである。が、これは、おそらく伝説だろう。

　孔子が礼をたずねた老子と現存する『老子』という書物を著わした老子とが、同一人であるかどうか、そんなことは考えるだけやぼである。『老子』という書物は、思想史的にみても、ずっと後世のものに違いないから。

さて、それにしても、『史記』の孔老会見の話は、おもしろい。

老子が言った。「あなたが口にされたことは、その言葉を話した人も、また、その人の骨も、とっくに腐ってしまっていて、ただ言い伝えで、その人の言葉が残っているだけだ。それに、りっぱな人物というものは、時勢にのれたら官職にもつこうが、時勢を得なければ隠遁してどこかへ行ってしまうものだ。わたしはこういうたとえ話を聞いたことがある。〝よい商人は深く商品をしまいこみ、外見は何もないように見え、りっぱな人物は人格が充実しているのに、その風采は愚かなもののように見えるもの〟あなたの気負いたった気持ち、数多い欲望、とりすましたポーズ、過大な志望――こういったものは無益なものだ。」と。そこを辞去して、同行の門人に向かって孔子は言った。「龍は、いつどこで風雲に乗って天にのぼっていくのか知ることができないものだが、わたしのきょう会ったあの人こそ、まるで、龍のような人物だといってよかろうか。」と。

気負い立った驕気や出世慾をいましめた寓話である。

孔老の会見

**孔老会見は伝説である**

なお、孔子が何歳のときに周へ行ったのかということを問題にして究《きわ》めている人もある。『礼記《らいき》』という書物に、孔子がむかし、老子に葬式の手伝いをさせられたが、その日にたまたま日食があったという事柄がしるされている。何歳のときに周へ行ったかを問題にする人は、この日食という点をよりどころにして、その年代を割り出そうと考えている。孔子の時代にあった日食を文献学的に調査してみると、十数回あって『礼記』の話もこのうちのどれかに相当すると考えられるわけである。この日食のあった年と、『史記』のしるす南宮敬叔が孔子に教えをうけていたであろう年代とを勘案すれば、孔老会見がいつであったかを導きだせるという人もいる。いずれにしても、孔子の壮年時代であったろう。

だが孔子が老子に会って礼を問うたという、この「孔老会見記」そのものが漢代の作である。けだし、後の道家の人びとが、この孔子だって、わが師老子の教え子の一人だぞといおうとして、かってにでっちあげた話であるに違いない。

早い話が、「大道がすたれたので仁義などという言葉がもてはやされる、知恵ができて大うそがまかり通っている、父子・兄弟・夫婦など骨肉の間柄のものが互いに和合しないから親孝行だの慈愛だのといいだされる。国家が混乱状態だから忠臣などと世にたたえられるものが出たりする。」という『老子』の文章にでてくる「仁義」という言葉は孔子の用いないもので、孟子が好んで用いたものであるし、また、「忠臣」という言葉も、君主のために身命を投げ出して働くという意味であれば『論語』にも『孟子』にも現われない。

また、『論語』には老子に関する問答もないし、記事もない。当時の諸学派を攻撃した『墨子《ぼくし》』にも『孟子』にも老子に関するものがない。『老子』に出てくる官名などに、戦国時代の用語が現われることなどがあげられて、『老子』という書物の成立は戦国時代以降だと考えられている。

要するに「孔老会見」の話は、伝説として聞いておくべきで、歴史的事実ではない。

## 魯国における政治活動

孔子が魯で政治的な手腕を発揮して、重要人物だと考えられるようになった決定的な事件は、夾谷《きょうこく》の会と呼ばれる外交交渉の場で起こった。

### 君主定公の厚遇

魯では、昭公のあとをうけて、弟の定公が三桓氏の族長季平子《きへいし》などに擁立《ようりつ》されて君主の地位についた。昭公が八年間も国外に亡命したまま、ついに晋の乾侯《かんこう》という所でなくなったときに年五十であったから、新君主定公はすでに相当の年になっていたと思われる。

孔子は定公九年、五十二歳のとき、魯に用いられることになった。職は中都《ちゅうと》という町の宰《さい》(町長)であった。それまで、魯の国政の乱れの改まらないのをみていた孔子は官職にはつかず、私立学校を創設して子弟の教育に専念していたが、ここでようやく「艾《がい》」[1]に達し、長老階級の一人になったのであった。孔子が町長になって一年で四方の邑々《むらむら》がみなこれに則《のっと》るに至ったといわれているから、政治的手腕のなみなみでないことが知られたことであろう。孔子のすぐれた政治力を確認した定公は、ついで司空《しくう》(土木を司《つかさど》る役目)の職につかせ、さらに司寇《しこう》(裁判を司る役目)に任命した。定公がつぎつぎと孔子という人物をためしつつも、重要な

1)「艾」五十歳をいう。当時の社会習慣によれば艾になると大夫の位に上って多くの役人を指揮することができることになっていた。

官職につかせたことは、三桓氏の勢力の盛んなときであっただけに、相当思いきった人事であったろう。いっぽう、孔子の力量がずば抜けてすぐれていたことを物語るものでもあろう。ともかくも当時において、下級士族出身の一学者がこのように登用されるということは全く異例のことであった。

それゆえ、この人事は、魯においてもさることながら、隣国の斉でも、孔子の活躍ぶりを聞くにつけ、魯の強大になることをたいへんに警戒するということにまで発展したのであった。斉の家老黎鉏《れいしょ》は、斉の君主景公に警告した。「魯では孔丘を登用しはじめてから勢いが盛んになっています。このままでは、わが国が危うくなりましょう。」

当時、斉・魯両国は交戦状態にはいっていたが、斉は魯へ使者を派遣した。和解のための和平会談を開きましょうという提案であった。このときの力関係は斉は強国、魯は弱国であったので、斉のほうではこの会談を利用して魯を圧迫し、魯を属国あつかいにしようとする野心があってのうえのことであった。だからこの会談で魯が失敗すれば、斉に服従しなければならない結果になるかも知れなかった。

**夾谷の外交会議**

会談の場所として選ばれたのが斉の夾谷であった。和平会談だというので、定公は平常時の車で会議に臨もうとしたが、孔子が異議を唱えた。武官を従わせるべきだというのである。このとき、孔子が有職故実《ゆうそくこじつ》に明るいという理由で抜擢《ばってき》され、大臣待遇の全権大使ということで、定公の補佐役として、この会談の主宰者になっていたのであった。

夾谷での会議のようす

「わたしはこう聞いています。『文事のあるものは必ず武備があり、武備のあるものは必ず文事があるものだ。』と。むかし、諸侯が国境を出ますときは、きっと文武の官吏を従わせました。どうか左右の武官を備えておでかけ下さるように。」と。

　斉の黎鉏《れいしょ》の読みはこうであった。

「孔丘は礼は多少知ってはいようが、勇気はない。兵をもって魯侯をおびやかせば会談は有利に展開するはずだ。」

　黎鉏の読みが完全に当たっていたら、会談の様相は一変していたに違いない。

　定公は孔子の進言を容《い》れて、左右の武官を備えとして夾谷に向かった。会場は土の階段が三段という粗末なところであった。斉・魯両国の君主は簡単な礼式をもって会見をはじめ、壇上にのぼって献酬《けんしゅう》の礼を行なった。それがすむと斉の役人が小走りに進み出て、四方の楽を奏したいと告げる。景公が承諾を与えると太鼓をたたいて、騒ぎながら舞楽員がはいってきた。なかには矛《ぼう》・戟《げき》・剣《けん》など武器を手にしているものもいる。

　孔子はこれを見ると、これまた小走りに階段をのぼり、最上段まであと一段のところに立つと、袂《たもと》をあげて大声でしかった。

「われらが両君の和平の会談の場に、こうした野蛮な夷狄《いてき》の音楽とは何ということだ。役目のものはどこにいるか。」と。

斉の景公は心に恥じて、これら舞楽員を退かせた。

しばらくして、また斉の役人が小走りに進んで申し述べた。

「宮廷の音楽を奏したいと思います。」

景公が「よろしい」というと、やってきた一団は、俳優と小びとの群れであった。かれらはたわむれながら進んできた。

孔子は、また以前のようにして、あと一段のところに立つと、大声で叱《しか》った。

「匹夫《ひっぷ》でありながら諸侯をまどわす罪は死刑にあたるぞ。役目のものはどこにいるか。」

俳優と小びとたちはあわれにもその場で手足を斬られてばらばらにされてしまった。

景公は、孔子のこの毅然とした態度をおそれて心うごかし、義において全く及ばないことを恥じて、ただちに帰国した。謝罪のしるしとして、その後、斉が侵略していた魯の汶《ぶん》水の北方の耕作地を返してきた。

以上が『史記』の「孔子世家」が伝えている夾谷の会の概要である。

夾谷の会の後、功績が認められた孔子は大司寇に進んだ、大司寇というのは今の法務大臣ないしは最高裁判所長官というような職務である。

## 国政の充実

孔子が国政に参与してからは、国内はきわだって整備され、充実の一途をたどることとなった。

### 三軍の統一

たとえば三か月で小羊や豚のかけ値売りはなくなったし、歩行する男女は道をきちんと別にして歩き、また、道に落としものがあってもだまって拾ってしまうものが、いなくなった。四方の国から魯の邑にきたものは、別に役人に要求しなくても必要なものを与えたので、そこにそのまま住みついた。

このようにして、人心が安定したとき、かれは魯国強化策の実現に着手しようとしていた。国内政治の改革は、孔子の長い間の夢であり、また必ず達成しなければならない悲願でもあった。

まず孔子が考えたことは、何をおいても着手しなければならないのは、魯国軍の統一ということであった。孔子は三桓氏の領有するそれぞれの城郭――季孫氏の費《ひ》城・叔孫氏の郈《こう》城・孟孫氏の郕《せい》城――を破壊して、かれらが自分の城郭に拠《よ》ることを不可能にさせ、さらに、三桓氏の私有する軍隊を解散して、統一した魯国軍を創設しようというのである。この改革が成功すれば、魯は君主を中心とする中央集権化が、確実かつ容易に達成できるはずであった。国軍統一は孔子の年来の夢の一つであった。

魯では、孔子の生誕より十年ほど前、軍隊組織の改革が行なわれた。三桓氏の、ときの族長、季武子《きぶし》は、襄《じょう》公が幼少であるのをよいことにして、まず三軍をつくった。一軍は一万二千五百人で、魯ではそれまで上・下二軍しかなく、公に属していた。それに中軍を加えて三軍としたのである。襄公十一年であった。かれはたまたま陸軍大臣であったのをよい機会として、一軍ずつを三桓の三家に配属させてしまった。三桓氏による国軍の私有化であった。おもわくどおり、軍事力をもたない魯の君主は羽をもがれた鳥となってしまった。政治上の実権も完全に君主の手から三桓氏に移ってしまった。かれらは、三軍の私有化に成功すると勢いにのって、租税の取り立て権まで握ってしまったのであった。そして、租税取り立てを自分たちの手で行なうと、そのなかのいくらかを公に貢《みつ》ぐだけにしてしまったのである。三桓氏の羽ぶりの良さが君主の零落《れいらく》ぶりにつながっていたのである。

こういう結果が、すでに述べたような八佾《いつ》の舞を平気で自分の家の庭で舞わせるという無道な行為になって現われたのであった。孔子の憤慨も当然のものと考えられるのである。

これもひとえに、三桓氏の軍隊私有化が根底をなしていた。再び統一国軍として君主の直接統率下におき、私《わたくし》されている租税も国庫に納入させなければならないと、孔子は考えていたのであった。

## 破壊工作とその失敗

三桓氏の勢力を弱体化させ国軍統一の方向にむけさせる手段としては、どのような法があるだろうか。孔子は、三桓氏の実力がそれぞれ割拠している三つの城郭にあると考え

三桓氏の軍と戦う

た。かれらがそこで兵を養っていれば、かりに国都になんらかの異変が起きても、急遽《きゅうきょ》、援軍をくり出すことが可能であり、安泰であると考えるのは当然であった。だからこの三城を破壊してしまえば、かれらの勢力は確実に弱体化するはずであった。

　孔子は、さっそく三城破壊の説得工作を開始した。たまたま、三桓氏のうちで最も強大な実力を持つ季孫氏は、その本拠の費《ひ》で、城守の公山不狃《こうざんふちゅう》に手を焼いていたときであったので、これに賛意を表明し、叔孫氏も、二年前、家臣の侯犯《こうはん》というものが本拠の郈《こう》で反旗をひるがえしたことがあってその鎮圧に苦しんだ経験から、これを承諾した。二人が承知すれば孟孫氏はどうにもならなかった。三桓氏のうち叔孫氏はまっさきに、自らの手で郈の城郭を破壊した。約束に従って季孫氏が費を破壊しようとすると、公山不狃が聞き入れない。そればかりか、叔孫氏のなかの不平分子、叔《しゅく》孫輒《そんちょう》と計り、逆に軍隊を指揮して、突如、国都曲阜《きょくふ》を攻めた。不意をつかれた魯の君主は季孫、叔孫、孟孫の三人とともに季孫氏邸にやっとのがれた。反乱軍はさらに邸内に乱入してたちまち天守閣まで迫った。このとき、孔子はうろたえ騒ぐ周囲をしずめて、態勢をとりなおすや、家老の申句須《しんこうしゅ》と楽頎《がくき》とに「逐《お》え」と命じて、ようやく逆襲に転じようとした。おりからかけつけた援軍の戦いで形勢は完全に逆転し、公山不狃、叔孫輒らは追われて、ついに斉に出奔した。こうして、最大の拠点、費の城郭は破壊されるに至ったのであった。

残る一つは孟孫氏の城の郕だけとなった。これはきわめて容易に破壊できる予定であったところ、この城の城代家老、公斂処父《こうれんしょほ》が一つの正論を吐いた。

「だいたい三桓の三都、費・郈・郕はいまでこそ魯国のガンだといわれてはいるけれども、もともと国土防衛のためのもので、郕を破壊すれば国土防衛線は消滅する。消滅すれば斉が必ず魯の北方を侵犯するだろう。また、この郕はわが孟孫家の安全保障の拠点である。郕なくして孟孫家はありえないのに、これを破壊するのは馬鹿げている。知らぬ顔をしておりましょう。」

かれは兵を率いて郕に籠城し、明け渡しの話を黙殺してしまった。その年の冬、定公は兵を送って郕を包囲したが攻めおとすことができなかった。せっかく三つのうち二つまで破壊しえたのに、土壇場《どたんば》にきて孔子の三都城破壊計画は挫折《ざせつ》してしまった。まさに九仞《きゅうじん》の功を一簣《いっき》に虧《か》くであった。

この現実を目のあたり見た季孫氏、叔孫氏も、孔子の抱く遠大な構想の焦点が、実は自家の滅亡に関《かか》わるものであったということに、ようやく気づいたかも知れない。信用していた孔子との間にすきま風の吹きぬける思いが、この瞬間起こったのであろうし、それが孔子が魯を去って流浪の生活にはいっていく直接の原因の一つになったであろうことは否《いな》めない。

ダンサーの踊りを見る

### 斉の対孔子失脚政策

人は不運にとりつかれると困難が重なるものである。孔子の思いきった軍制改革を根幹とした三桓氏打倒構想はこうして失敗した。加えるに隣国斉が、魯国の腐敗堕落政策および仲たがい政策をつぎつぎととり、その一つ一つが不幸にも功を奏《そう》してきたことが、孔子を自分の祖国に見かぎりをつけるほうへと追い込むのであった。

斉は自分の国の女子の中から、美貌のもの八十人を選んでダンサーに仕立て、友邦魯国慰問使節団という名目で魯に送り込んできた。もともと進歩的で進取の気性に富んだ商業国家の斉では、このような遊芸は盛んであったろうが、旧套《きゅうとう》を墨守《ぼくしゅ》、保守を国是《こくぜ》とする田舎国家魯では、このような遊芸はもっていなかった。きらびやかな装いのダンサー八十人が飾り立てた四頭立ての馬車三十台をつらねて、魯の都曲阜の南城門外に到着したときの美しさは、心奪わんばかりであった。

まず、その誘惑に負けたのが魯国第一の実力者季桓子《きかんし》であったのは皮肉であった。かれはしのびで出かけて三度も見物し、ついで君主定公をさそった。定公は市内査察という名目をつけて、この誘いをうけ入れ、終日政務を怠った。

孔子の弟子の子路《しろ》は、この時孔子にこう言った。「こんな不潔な国にぼやぼやしていてはなりません。先生、即座に辞職すべきです。」孔子は子路を押しとどめた。「魯はいまや郊祭《こうさい》を行なおうとしている。もしその時儀礼どおりに、犠牲《いけにえ》のさがり肉がわたしのところにくるようだったら、わたしはなおとどまろう。」と。

だが、孔子のこの国にかけた期待は無残《むざん》にも裏切られた。一縷《いちる》の望みもなくなったと見た孔子は、もはやこれまでと決意する。辞表を奉呈した孔子は曲阜を出て、都の南方、屯《とん》というところに宿ったのであった。

## 流浪の生活のもろもろ

孔子が魯を去ったのは定公十三年（前四九七年）であったから、哀公十一年（前四八四年）に帰国するまで、足かけ十四年間流浪《るろう》の生活を送ることになる。

### 文化盛んな衛国へ

まず、かれは魯の西北方の国で文化国家であった衛《えい》におもむいた。さらに、そこからは南下して宋《そう》、鄭《てい》、陳《ちん》、蔡《さい》など当時の比較的小さな国をめぐり、また衛に行き、魯に帰ってきている。

この孔子の流浪の生活の記録は、『史記』の孔子世家にくわしいが、ある歴史学者は、『史記』のそれは孔子のこの時代を逆境時代とみて、非常に強調して描いたために、後世の伝記作家たちが、この時代の孔子の窮状をあまり大きくみすぎた傾向があると批判している。たしかに『史記』の孔子の流浪の生活は定説になっているわけではないが、この十四年間に孔子は何度も生命の危険を感じた事件に遭遇しているわけなので、

衛の都を通る

これらのいくつかのトピックスをしるして、孔子の労苦のあとを偲《しの》んでみることにしよう。

『史記』によれば、孔子はまず衛に行っている。衛には弟子の子路の妻の兄にあたる顔濁鄒《がんだくすう》がおり、この家に身を寄せたのであった。時の衛の君主は霊公《れいこう》といったが、この霊公の寵臣《ちょうしん》に弥子瑕《びしか》という男がいた。弥子瑕の妻が子路の妻とは姉妹であったことから、顔濁鄒の家に寄寓《きぐう》した孔子を霊公は知っていて、魯にいたとき孔子の受けていた六万斗の禄と同額のものを支給したが、しばらくして、孔子のことを霊公に讒言《ざんげん》するものがあって、孔子はここを去ったという。

君主が用いようとしたのに側近が退けたという話は、あるいは事実か、事実に近いものであろう。なぜならば、これは孔子の政治に対する姿勢に関わりがあったからである。孔子は母国の魯で三桓氏を圧迫してかれらを政治の座から引きおろし、政治的発言力を弱めようとする政策をとった。孔子の理想とする国家のあり方は、貴族の手に握られている政治権力を本来の姿にもどし、君主の権力を強固なものとする統一ある挙国態勢国家にすることであった。

この考え方は、諸国の君主たちには、大いに賛成を得て歓迎されるものであるが、貴族たちには自分たちの身分を根底からくつがえすかもしれない危険思想であった。当時、政治上の実際的権力を貴族たちが握っていたのであるから、諸国の君主にいかに熱心に孔子が説きまわっても、これはとうてい諸国に受け入れられることのできないものであった。

**孔子を襲った三つの危機**　第一の危機は、衛をはなれた孔子を待ちうけていた死の危険であった。それは匡《きょう》（所在は不詳）という町で起こった。

この町を通って陳《ちん》という国へ行こうとしたのだという。この孔子の集団に顔刻《がんこく》という男が加わっていて、かれはたまたま孔子の車の御者をつとめていた。かれは持っていた鞭でさし示してこう言った。

「前年この町にきましてね、そのときはあの城壁のこわれたところからはいったんですよ。」

偶然、町の男の幾人かがこの言葉を耳にしたことから騒ぎははじまった。そのこわれた場所とは季孫氏の家老をつとめたこともある陽虎がこの町に侵入して乱暴をはたらいたことがあったが、その時の侵入口だった。――顔刻は、実は、かつて陽虎に従ってその騒ぎに加わったことがあるので、かれ自身としては全く関係のないことではなかった――さらにぐあいの悪いことに、陽虎も孔子もともに大男の部類にはいるほうであったし、風貌もきわめて似ていたという。匡の町民は、かつての侵入者が再び現われたということで、憎しみの目で一行を取り囲み、みな殺しにしようとしたのであった。

ついで第二の危機は、同じく孔子の流浪の旅の途中、宋《そう》にはいったときに起こった。孔子は弟子たちに礼儀の講習を行なっていたという。たまたま座を樹木の下にしつらえて行なっていると、この国の司馬という、今の陸軍大臣にあたる職にあった桓魋《かんたい》が孔子を襲い、その大樹を根こそぎ倒したという。ここでも危うく難をまぬかれたのであった。

さらに第三の危機が起こる。すなわち宋で受け容れられなかった孔子は陳へ行った。当初かれは優遇されていたが、陳が揚子江流域の大国呉《ご》と楚《そ》との争いに巻きこまれると、陳《ちん》を離れて楚へ赴《おもむ》こうとした。楚の昭王《しょうおう》に招かれていたからであった。ところが陳から蔡《さい》へ移ろうとしたその国境で、またまた孔子は危機に直面する。楚が孔子の意見を聞き入れて政治を行なえば、自分たちが困ると考えた陳・蔡両国の貴族たちの共謀によって兵が発せられ、孔子の一行は包囲された。孔子のグループはどうにも手が出せるわけはなかった。かれらは立ち往生してしまっただけでなく、食糧を手に入れることもできなかった。「七日間絶食した」としるす文献もあるほどで、弟子の中には起きあがることもできず、病気にかかるものまでる始末であった。餓死寸前、ようやく楚に助けを求めることができたため、からくも死地を脱することができたのであった。

### 自覚信念の人

さて、以上三つの危機に直面したときの孔子の言葉は、それぞれ『論語』に記録されて残っているが、それらはつぎのようなものであった。

第一の危機での言葉、

「周王朝の創始者で、わたしの理想とする文王はすでになくなられたが、文王の修め、伝える文明は、現実、このわたしの精神の中に生きているではないか。天がこの文明を滅ぼそうとするなら、後世のわたしはこの文明に参与することはできないはずだ。逆に、天が文明を滅ぼそうとしないからには、匡《きょう》の連中がわたしをどうすることができようか。」

第二の危機での言葉、

「天がわたしに徳をさずけられている――わたしが世の中を指導すべき天の使命をうけている以上は、いかに桓魋《かんたい》のような乱暴ものでも、わたしをどうすることができようか。」

第三の危機での言葉、

――子路が憤りのあまり孔子に向かって「道を行なう君子でも困窮することがありますか。これでは天道に疑問を感じましょう。」と、たずねたときの答え――

「君子だってもちろん困窮することはあるさ。別にあやしむに足りない。ただ、小人は困窮すると乱れて、したい放題のことをやってしまうが、君子にはそれがないのだ。」

以上三つの危機に直面した際の孔子の言葉・態度、ないし心理はわれわれを驚ろかすに十分なものがあろう。これが死のピンチに立たされたものの発したものとは信じがたいほどの大自覚と大信念である。このように底抜けに楽観的ともみえる言葉を、われわれのうちのだれが口にすることができようか。ドン・キホーテ的楽観とでもいえそうな孔子の一連の言葉・態度。それはかつて夾谷に斉の策謀を叱咤粉砕した真勇と、天命人道に順《したが》って迷いのない大自覚・大信念に徹した達人の心意気である。

ところで、孔子が周の文明の旗手としての責任を持つという自負心は、いったいいつごろ生じたものであろうか。

## 周文明の担い手

孔子が晩年、自分の思想・人格の発達過程を回顧して述べた有名な言葉が『論語』の為政篇にある。「わたしは五十で天がわたしに与えた使命を知った。」この天の使命の自覚の内容こそ、周の文明の担い手の自覚であったといってよいであろう。

天から与えられた使命への自覚が、かれの自信の強固な支柱となっているのであった。この自信が崩《くず》れない限り、匡の町民がどうあろうと自分が死ぬはずがないし、宋の桓魋ごときがどうすることもできないし、七日の絶食にもたえられたのである。

周の文明の旗手――輝かしい担い手の自覚は、もちろん、一朝一夕に作られたものではない。元来、孔子の生まれた魯という国は、山東省の山間部の中心にある小国ではあるが、建国の由来から周王朝と密接な関係にある国であった。以前は殷王朝の支配する地域であったが、周王朝の基礎をかため、事実上の主宰者ともいうべき周公旦《しゅうこうたん》の封《ほう》ぜられたところだったのである。周公は父の文王によく孝を尽くし、兄武王によく悌《てい》を尽くした。性質はきわめて温順で仁徳にあつかったといわれる。武王が文王の志をついで殷の暴君紂王《ちゅうおう》を討伐したとき補佐役として大功をたてた。武王が殷を滅亡させて後、数年でこの世を去ったため、まだ完全に屈服していなかった殷の部族が反乱をくわだてる事件が起こったとき、周公は幼少な武王の子、成王を助けて摂政としてこの乱を平定した。以後、成王が成人になるまで引き続いて政務をとっていたために封地の魯に行くことができなかった。そこで周公は、自分の長男である伯禽《はくきん》を自分の代理者として魯に派遣して、東の守りとしたのであった。

それゆえ、魯の人びとは他のどこの地域のものよりもこの周公を尊敬し、誇りに思っていた。周代の政治組織をはじめ、社会制度、道徳、文化のすべてに至るまで、周公が創始したのであると信じて疑わなかったのである。

魯に生まれ育った孔子も、この周公こそ、世界第一等の聖人だ（当時、世界の中心は中国——周王朝の支配するところ——だと考えられていた）と確信し、尊敬し、憧憬《どうけい》していたのも自然である。だから晩年、この理想とすべき周公についてこう言ったと『論語』は伝えている。「すっかりわたしも衰えたものだ、ずいぶん長い間、夢の中で周公を見ることがないもの。」と。

若いとき周公と夢で会う

孔子にとって、五百年前に周公の創始した周の文明は、現在でも世界第一等の文明であり、その文明は母国魯において完全に保有されている。さらに、たとえもっかは魯に入れられなくても、その魯の文明の指導者、担い手としての自分がここにいるのだという確信に立てば、世界の文明の担い手は自分だという結論を持つのも、きわめて自然な心理だったのである。

輝かしい文明の担い手としての自分が、そうやすやすとこの世から葬り去られるわけはないという大自信に立つ以上、いくら危機が自分に迫ろうとも、自分にはそれを乗り越えることが可能であると思っていたのであった。

## 焦燥と絶望

**聖人にも苦悩あり**　しかし孔子は、このように底抜けに楽観的にだけこの世を見つづけていたのではなかった。時にはいい知れない焦燥にかられ、ひいては、絶望を感じたことも一再ならずあったのである。『論語』を見てみよう。

その第一の言葉、

「だれでもかまわない、わたしを使ってくれるものがあれば、一年もすれば何とかしてみせる。三年の余裕を与えてくれれば完全に治績《ちせき》をあげてみせる。」

その第二の言葉、

――子貢との問答――

子貢「ここに美しい玉があるとします。箱に入れこんだままにしておきましょうか。それともよい値段の買い手をさがして売ったほうがよいでしょうか。」

孔子「売ろうよ売ろうよ、わたしはよい値段で買ってくれる人を待っているんだ。」

その第三の言葉、

――子路との問答――

子路「以前、わたしは先生にお聞きしたことがあります。つまり、本人みずからが不善を行なっているところへ仲間入りはしないものだということです。仏肸《ひっきつ》が中牟《ちゅうぼう》の町を根拠にして反乱を起していますのに、これに加担されるのはいかがなものでございましょう。」

孔子「そうそう、そう言ったな。（だが、自分の心の持ち方しだいで、悪いものに染まらないことだってできる。それに）わたしだって苦瓜《にがうり》ではあるまいし、ぶら下がったままで人に食べられないでおれようか。」

第一の言葉は『史記』によれば孔子が衛《えい》にいたとき、年老いた霊公《れいこう》が政治を怠り、孔子の意見に耳を傾けようとしなかったときの嘆きの言葉だとしるされているし、第三の言葉は晋の貴族趙《ちょう》氏の腹臣の家来で、中牟の町長をしていた仏肸が趙氏に弓を引いたとき、孔子を味方に引き入れようとしたことがあった。このとき子路《しろ》が反対しての問答である。これらはいずれも自分が用いられないことの焦燥の言葉といえよう。かれの十四年にわたる長期間の放浪生活の大目的の一つは、どこかの国の宰相となって自分の政治思想を実行することにあった。

孔子の理想とする政治の形態というものは、当時実権を掌握し、思いのままに政治を行なって、自分たちにつごうのいいようにばかり世を動かしてきた貴族階級を、まず退けることから始まるのであった。かれが頭に描いていた政治体制は、周公が創始したという秩序ある体制になおすことから出発するのであった。国家の主長である天子や諸国の君主が、名実ともに王や諸侯としての権威を回復し、仁徳をもってこの世を治め、貴族は王や諸侯の命を受けつつ、その意を体して、庶民を治めるという体制にもどすということを考えていたのであった。

しかし、周王室は衰微し、天子としての体面を保持することさえ、不可能な状態であり、政権は貴族の手に握られているのが実態であってみれば、諸国の君主たちが、いかに心を動かして、孔子を招き、かれの政治的主張に耳を傾けようとしていても、単に聞くだけのものに終わってしまっている。また、現実の政治に孔子の政治思想が採用され、周公以来の輝かしい政治秩序がもどってくるものではなかったのである。それどころか、諸国の君主が喜んでこれを迎えようとすればするほど、貴族の側には強く反発をするもののあることは当然であった。かれらにしてみれば、自分の立場を不利にし、弱体化を計るような危険な思想には、知らぬ顔をするだけでなく、むしろ積極的に葬り去ってしまわなければ安心はできなかったのである。

こういった社会情勢であってみれば、孔子がいくら正しいと信じている政治のあり方を諸国に説いてまわっても、かれを採用し、国政を任せようとするものの出てこないのは当然であった。孔子の焦燥の言葉も、そうした背景の前に吐かれた言葉であった。それはさらに必然的に絶望の言葉へとつながるものでもあったのである。

## 現実に絶望して理想を次代に託す

『論語』にあらわれる絶望の第一の言葉、

「鳳凰《ほうおう》は飛んでこないし、黄河から図版も出てこない。わたしもおしまいだな。」

絶望の第二の言葉、

「全く道徳の行なわれない世の中だ。小さないかだにでも乗って海にいってしまい、この乱れた世を避けてしまおうか。」

絶望の第三の言葉、

「家の外に出ようとするのに、誰だって戸口を通らないものはあるまい。それなのになぜ世の中の人びとは、人として当然由《よ》るべきこの我が道に由《よ》ろうとしないのであろうか。」

むかし、聖天子とか明君主とかがこの世に出た場合は、必ず瑞兆《ずいちょう》があったということである。たとえば伝説の天子舜《しゅん》帝のときとか文王《ぶんのう》のときには鳳凰が飛来したというし、伏羲《ふくぎ》帝のときには龍馬が図《と》を負って黄河から出たといわれている。しかるに今日においては、これらの瑞兆は何も現われない。これこそ聖天子、明君主の出ない証拠にほかならない。またわが道の行なわれない証拠でもあって、わたしは絶望してしまうのだ、という意味を含むのが第一の言葉であろうし、現実を遠く離れて、よし仮《かり》に、そこが暗い世界のはてではあっても、苦しい境涯を逃れることが、あるいはできるかも知れぬという意味を含むのが第二の言葉であろう。第三の言葉は文字どおり嘆きの響きである。

だが、この絶望の意識は、孔子の心にふっと一瞬生じた翳《かげ》りにすぎなかったようだ。孔子の本質にはやはり遠い言葉であった。孔子は究極的には人間の善意を信じていた。人間が人間を信頼せずに、どうして人間社会が成立しよう、と考えていたとするほうがより妥当のようである。人間の信頼などというものはむなしい、単なる希望的観測にすぎないとけちをつけ、自分だけを認めて、他は認めようとしない結果、人間社会には見切りをつけ、人間社会から超越した立場で生きている人びとの群れが、そこここにいて、孔子の流浪の旅を嘲笑していた、いわゆる隠遁者を批判して、孔子はこう言った。

「かれらは世の中が乱れているから山野に隠遁して、鳥や獣の仲間になって遊んでいろとすすめる。人間というものは、鳥や獣と群れをともにしての共同生活はできないものだ。われわれはこの人間集団の中で生活しないで、いったいどこで生活できるというのであるか。それに、今日のこの社会に道が行なわれていれば、何もわたしが改革しようと身をのり出しはしない。道がないからこそ、改革しようというのである。」

このような孔子の基本的態度は、結局、現実社会では受け容れられなかった。かれの理想とする徳治主義的な政治形態をこの世に実現することはできなかった。孔子の要求する次元と現実社会が持つそれとには、高低の差があり過ぎて、歯車のかみ合う余地がなかったのである。

そういう現実が、はっきりとかれの目に映《うつ》ったとき、かれは自分の理想とする世の中を、せめて後の世に見いだそうとし、望みを弟子たちに伝え、夢を未来に託そうとした。幸いにも託すべき弟子をかれは多く持っていた。[1]

人間が一人で生活できないものだという考えは、人間が一世代だけに限って理想を達成しようという考えとは矛盾するようである。現実にこの世での可能性がきわめて薄いものだと悟った以上、次代に期待するのもこれまた運命というものであろう。孔子はたまたま川のほとりに立って、その流れを凝視し、ついでこう言った。「移りゆくもののすがたは、実にこの川の流れのようなものか。昼夜の区別なく、時々刻々に移ろうものなのだ。」と。

## 晩年の孔子とその死

**魯国の政治顧問として**　魯の哀公《あいこう》十一年（前四八四年）、魯に残してきた弟子たち、特に冉有《ぜんゆう》の奔走が功を奏して、孔子に迎えの使者がきた。孔子六十九歳のときのことである。

このとき魯の君主哀公、宰相季康子《きこうし》ともに比較的若年であった。孔子に政治顧問の地位を与え、政治その

1）孔子が陳の国にいて故郷の門人の上に思いをはせたときの言葉「さあ帰ろう、わたしの村の若ものたちは志が大きいが、行ないがそれに伴わないという、未完成のままの姿で残っている。美しい模様織りがつくられているのにそれをどう裁断したらいいのかわからないでいるのだ。これを教えるのがわたしの今後のつとめだ。」

哀公に政治問題を下問される

他いろいろの事柄についての、いくつかの質問が『論語』に記されている。

哀公「どうしたら人民たちはわたしに心服するであろうか。」

孔子「正直ものを抜擢《ばってき》して政治を行なわせれば、人民は心服しましょうし、不正直ものに行なわせれば不服でしょう。」

哀公「お前には弟子が非常に多いが、だれが最も学問を好むと考えるか。」

孔子「顔回という者がおりまして、大変学問を好みました。かれは、怒りにまかせて八つあたりはしませんし、同じ過失は二度とくりかえすことがありませんでした。不幸にも、短い寿命で死んで、今では世におりません。このもの以外に学問を好むものがあることを聞いていません。」

——季康子が政治についてたずねたときの孔子の答え、

孔子「政とは正です。あなたが率先して正しくされたなら、だれが正しくしないものがありましょう。」

——季康子が国に盗賊の多いのを心配したときの孔子の答え、

孔子「かりにもあなたご自身が無欲なら、懸賞つきで盗みを奨励したとしても、盗みはいたしません。」

季康子「もし道徳にはずれた者は死刑にして、道徳を守るものをつくりあげるようにしたら、どうだろうか。」

孔子「政治をなさるのにどうして殺す必要がありましょう。あなたがよくなろうとされれば、人民もよくなります。為政者の徳はたとえれば風で、人民のは草です。草は風にあたれば、必ずなびきます。」

ただ何といっても政治顧問という役目は、前官の家老職に対する礼遇で閑職であった。しかし十四年間にわたる漂泊流浪の末に帰ってきた母国であってみれば、懐旧の思いに包まれることも故《ゆえ》なしとしない。かれはこの職に甘んじつつ、残されたエネルギーを弟子たちの教育と古典の整理に注いだのであった。すっかり廃《すた》れて散佚《さんいつ》してしまった古書遺文の『礼《れい》』、『楽《がく》』、『詩』、『書』などの整理や、魯の史官がしるした宮廷記録をもとにした魯国史、つまり『春秋』などの執筆に日を送ったという。

しかし、晩年の五年間は必ずしも平坦な道を歩くようなものではなかった。むしろ不幸の連続というべきものに近かったと見てよいかも知れない。

### わが子と愛する弟子の死

まず、帰国の翌年には長男孔鯉《こうり》が死んだ。鯉はそのとき五十歳。孫にあたる、孔鯉の長男孔伋《こうきゅう》は後年『中庸』の思想形成者として知られる子思であるが、このときはまだ十三、四歳で何のたよりにもならなかった。

二年目に孔子が最も信頼していた顔淵が死んだ。四十一歳の若さであった。孔子はかれを自分の思想的後継者と考えていたから、傷心の思いのために失心せんばかりであったという。顔淵の死の報をうけて孔子は慟哭《どうこく》した。慟哭とは身をふるわせ大声をあげて泣くことである。弟子がこの異様なさまを見て、「先生、慟哭なさいましたね。」と言う。孔子は「慟哭してしまったかな。でも、この人のために慟哭するのでなくって、いったいだれのために慟哭しようか。」と。また、かれは「天がわたしを滅ぼしたのだ、天がわたしを滅ぼしたのだ。」とくりかえし慟哭したともいう。

さらにその翌年、孔子が最も熱愛した子路が衛の内乱のとばっちりをうけて、非業《ひごう》な最期をとげてしまった。当時、衛には親と子の血で血を洗う武力抗争が行なわれ、十六年間も続いていた。かつて孔子が衛にいたときも争いは絶えず続いており、孔子がどちらの味方になるか問題になったことさえあった。そこへ子路が出向いていたのである。子路の仕えた衛の重臣孔悝《こうかい》は君主輒《ちょう》を奉じていたが、突然起こったクーデターで孔悝の立場はきわめて危険になった。さいわい沈着な執事欒寧《らんねい》の働きで、君主は国外に亡命することができた。子路は急変の知らせをうけるや、一気に衛の城門までかけつけた。途中、反対に城門のほうから逃げてくるおとうと弟子で、ともに衛に仕えていた子羔《しよう》が、子路の姿を見とめて「もう城門は閉ざされました、これから行くのは危険です。」と引きとめるのに、耳をかさずに城門の前にきた。たまたま使者が出るために、すこし開いた扉を利用して飛び込むと、人質にされている自分の主人孔悝を助けようとした。ふいに敵のふるった長刀がかれの顔面をよこぎった。子路のかぶっていた冠のあごひも（纓《えい》）がきれて、はずみで冠が飛んだ。子路は「君子は死んでも冠をはなすことはないのだ。」と言うと、冠をひろい纓を結び直して息絶えた。

孔子は衛で起こったクーデターのうわさを聞くと、「子羔は生きて帰ってくるだろうが、子路はそういうわけにはいくまい。」と予想したが、果たして的中してしまった。やがて子路の死の詳報がとどいた。子路の死体が醢《かい》（しおから）にされたと聞き、家にあった醢を全部すてさせた、と『礼記《らいき》』檀弓篇にはしるしてある。孔子にとって子路の残酷な死は大きな衝撃であった。

冒頭「孔子について」（三ページ参照）にしるした孔子の死は、その翌年のことであった。静謐《せいひつ》そのもので、いかにも非凡なる平凡人、人間孔子の死にふさわしい挿話といえよう。

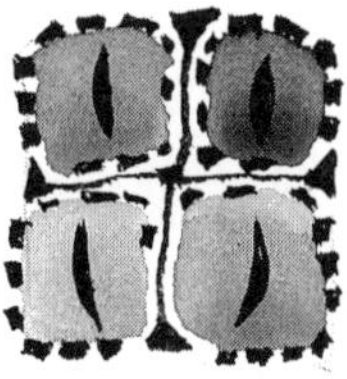

# Ⅱ 孔子の思想について

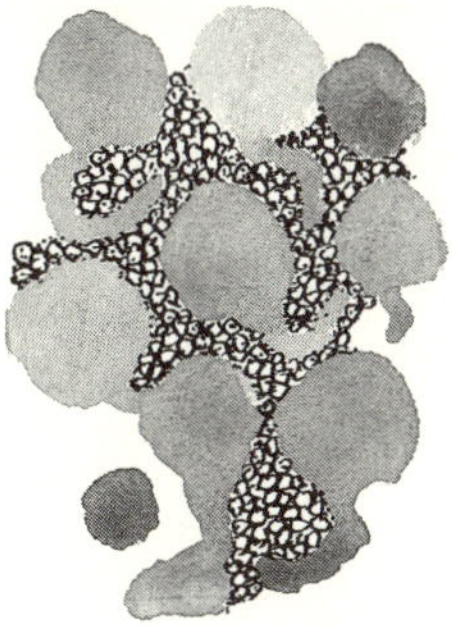

# なぜ孔子を学ぶのか

**思いやりの心を育てる**

なぜ孔子を学ぶのか。この質問はわたし自身、いつも心のなかにいだきつづけている問題であり、実はその解答を得たいがために、孔子の言葉や行ないを、くりかえし読みふけったり、考えたりするのであるが、そのうち、つい先年、文化勲章を受賞された数学者岡潔博士の『春宵十話』という書物を読んでいて、「はっ」と感動したことがあった。その一節にこういう記事がある。

今の世人や教育は、思いやりの心を育てるという大切な点を忘れている。たくましさは判っても、人の心の傷《かな》しみの判る青年がどれだけあるだろうか。

と。もともと、人間や、その社会の教育には、思いやりの心がたいせつなのである。それは、他人の心の傷《かな》しみがわかるなさけであり、同情である。自己のまごころをおし広めて、他人の心の傷しみを思いやるなさけ心なのである。どんなにたくましい人間であっても、ただそれだけで、ひとの心の傷しみを思いやるなさけ心の欠けたものは、人間失格であり、人間不在であるといえる。現代の世人や教育には、この、まごころと思いやり――なさけを育てる、という広い人間の生き方が欠けている。と指摘されるのである。

自然科学、特に純粋数理の世界に住んでいられる博士が、このような、現代人の生活教育面に、思いやりの心――なさけがたいせつである、と説いていられるのは、これもまた、まことに広い人間性に徹せられた情操のせいであろうか。

ところで、この思いやりの心――人の心の傷しみのわかる心――こそ、孔子が必死に強調し、じゅんじゅんと説きさとしてやまなかった「まごころと思いやり」（「忠恕《ちゅうじょ》」という語で表わしている）であり、「仁道」なのである。いわば、岡潔博士は、現代人の生活や教育に、広い人間情操的な生き方――それは孔子の仁道、すなわち忠恕を育て広める生き方と同じである――を要望されているものといえよう。

そしてさらに、現代人の生活や教育に孔子の広い人間情操（忠恕）的生き方がたいせつなばかりでなく、また学問研究にいたっても、この情操が中心になるものであることを、

情操が深まれば、境地が進む。学問は、本当は情緒が中心になっている。

と、説いていられるのである。

要するに、岡潔博士もいわれるが、孔子は広い人間情操的な生き方を中心に、個人や家や国家や社会や、学者や政治家、といったような、もろもろの環境すべてに適した実際生活の行き方を、詳細に説きあかしているのであり、それらは、現代にいたるも、まことに切実な必要素として、生きつづけているのである。こうした意味で、われわれが、孔子を学ぶのは、まことに必須なものである、というべきであろう。

## 『論語』は対話集である

さて、孔子の言行をしるしたものが『論語』と呼ばれる書物であることは、読者はすでに承知であろう。『論語』は主として、孔子が弟子と対話したものをしるしたものである。弟子以外にも孔子と交渉のあった人たちとの対話もあるし、特定のだれということなく、たんに弟子たちの記憶していた孔子の言葉や弟子の言葉もある。が、どれもこれも、ほとんどが対話の記録であり、これを中心的な内容としているものが『論語』である、といってさしつかえがない。

この対話集『論語』は、二千年以上も前に成立したのだと聞くと、あるいは、もうそれだけで、古くさいカビのはえた書物のように想像する人もあるだろう(これとほぼ同年代に成立したものにはプラトンの諸対話編がある)。たしかに古いものだから、古くさく、カビのはえたように見られる箇所を指摘しようとすれば、たちまち、そのいくつかを発見することは容易にできそうでもある。だが、『論語』を読んで、時代おくれの現代的に無価値なものを、捨ててみようとする作業をはじめた人は、だれでも、そこに驚くべき事実を見いだすはずである。この過去の、中国を中心とし、日本をふくめた諸国家、いわゆる東洋の社会の思想をささえてきた、旧道徳の代名詞のような儒教の経典——かりに嫌悪の情をもち、偏見の眼鏡《めがね》をかけていたにしろ——が、そのようなものをつきぬけ、うち破って、案外に捨てさるものの少なくて、捨てにくいものの多いことを経験するはずである。私は、そのような人をきわめて多く見てきたし、今も見つつある。

なぜ、そんなに古いものが、現代でも多くの人びとの共感をよび、愛読者をもつのであろうか。ちまたにあふれるぼうだいな数の書物のうち、『論語』が、千古にかわらぬ輝きを放つ不滅の古典の一つとして、われわれの眼前にあるのであろうか。わたしは、その秘密は、ひとえに孔子という人物にかかわっているのだと考える。

### 思いやりの心を勉強しよう

岡潔博士は、「人間には思いやりの心がなくてはならない。」といわれたが、その思いやりの心が、孔子には、どのようにあったか。『論語』には、どのように表われているか。孔子の人となりと思想を、ここで勉強することは、これからの長い人生において、けっしてマイナスになることではないと思う。

たくましさは判っても、人の心の傷《かな》しみの判らない人間は、そのたくましさのゆえに、かえって心くずおれるのが歴史の常《つね》であり、古さをあなどるものは、そのあなどりのために、かえって未来への道を自分で閉ざすことになるのである。

孔子は、「過去の事象に習熟することによって、現実の問題を認識しよう」（温故知新）と人にすすめたが、わたしはいま、あなた方にすすめたい。そして、新時代にあって、有意義に人生を過ごすことのできる、心身ともにたくましく、それでいて、人の傷《かな》しみのわかる、花も実もある人間になるために、「孔子を学んでほしい」と。

# 個人生活への発言

## 学問のすすめ

### 学問のめあて

『論語』は、つぎの言葉ではじまる。

孔子がいわれた。人から教えをうけたものを、あらゆる機会をとらえてくりかえし復習し、完全に自分が体得する。なんとうれしい限りではないか。（こうして学問していると）こころざしを同じくする友人が遠方からやってきて夜を明かしてでも論じあう。なんとたのしいことではないか。（また、学問というものは、すること自体によろこびがあるものだから、）人から認められなくても、すこしも不平不満をいだくことがない。（こういう気持ちになれる人こそ）なんと徳のそなわった人格者というものではなかろうか。

ここには、一読、学問することのよろこび、たのしみが説かれている。すでに述べたように（四十三ページ参照）孔子の門にはいった士階級の子弟の多くは、習得した学問、教養によって、仕官をこころざす官僚志望者たちであったから、学問を功利的に考える弟子もなかったとはいえない。しかし、教育する立場の孔子の目標は、あくまでも人格の陶冶《とうや》であった。人間に最も必要な、基本的な教養を、身につけさせるように配慮した。真の教養を身につければ、いかなる世にあっても、おそれることはない。仮に官僚として世に出る際にも、自信をもって人の指導にあたることは可能である。けれども、その逆は必ずしも可能とはいいきれない。孔子は、弟子たちがはば広い人間となるように仕向けていった。そのために、何よりも学問することのよろこび、たのしみを、最初に述べたのであった。孔子は弟子に向かって、こうも言っている。

「学問にこころざす人間は、まず広い教養を身につけると同時に、他方、礼を学んで、それでしめくくりをつける、ということになれば、学問の道にそむかないものといえよう。」と。

そして、功利的な目的のためにのみ学問しようとするものについては、反対に忠告を与える。

「利益本位でものを行なっていこうとすると、人から怨《うら》みを買うことが多いものだ。」

だが、この世は、いつでもまじめに努力するものがきっと成功するものとは限らない。学問の世界であっても、もちろん例外ではない。冒頭の孔子の言葉は、学問のよろこび、たのしみを説きつつも、いかに自己修養につとめても、世間が認めない場合もあり得るとし、そのようなとき、なおかつ不平不満をいだかず、晴れやかに、学問の道に精進することをすすめたのであり、これは、孔子が、学問のもつ倫理的有意義性を、強く認めたからにほかならない。

## 中国での学問論の展開

中国では、「学問とは何か——何を学問というのか」という問いの答えとして学問論の展開されることがなかったとか、また、一般に、西洋の学問は論理的・理知的で、真理を

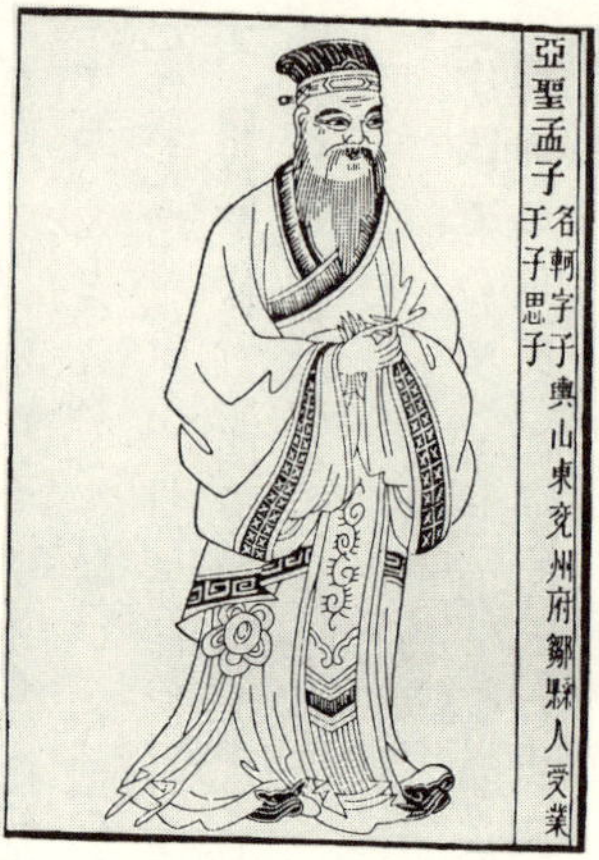
亞聖孟子
名軻字子輿山東兗州府鄒縣人受業于子思子

孟　子

真理として認識しようとする傾向が強いのに、東洋の学問は実践的・道徳的で、学問が学問として独立して成立するよりも、必ず他の目的——自己修養とか経世済民《けいせいさいみん》とか——を伴って展開される傾向が強い、などといわれることは、注目してよいが、特に孔子をはじめとする儒家の、学問そのものに対する態度は、端的にその傾向をもっているのである。孔子をはじめとする儒家において考えられる学問の意義は、いわゆる知識と行為との合一のうえに成り立ち、修養論と密着していて、学問が単なる認識の問題とか、学術の探究とかを指すものでなく、認識に伴うに体験を必要条件とし、ひいては倫理的な意味も加わるのが特色といえよう。その一、二の例を孟子その他からも見てみよう。

孟子を読むと、「仁は人の心に本来からあるもの、すなわち人の本心であり、義は人の踏むべき正路である。踏むべき道をすてて、それによらず、その本心を放《はな》ち失ってしまって、それを探し求めることを知らないのは、実に情けないことである。……学問の道というものはほかでもない。ただ、この失った本心を求めることにあるのみである。」とあって、人の本心である仁・義・礼・智をつねに放失しないようにつとめ、さらに人間の失われた本性を探し求めて、それを養うことが学問だと考えていることがわかる。

また、荀子《じゅんし》においても、学問とは、自己修養の道だと考えて、つぎのように述べる。「むかしの学問をするものは、自己修養のために努力したが、今の学問をするものは、人に知られるための（功利的な）学問をしている。[1] 君子（教養人）の学問というものは、それによって自分を向上させるべきものである。小人（無教養人）の学問というものは、（人間性の獲得どころか）ただ禽獣《きんじゅう》となるだけのものだ。」

十一世紀になって、宋の時代、胡安定《こあんてい》という学者が、大学で教授をしていたとき、学生に、「顔淵《がんえん》が好んだ学問とはどんなものか。」という問題を出したところ、程頤《ていい》という当時十八歳の学生が抜群の答案を提出した。かれは「学問とは、聖人に至るの道だ。」と論じたのであった。かれは後に、程伊川《ていいせん》先生と呼ばれ、朱《しゅ》熹《き》が最も尊敬し、私淑《ししゅく》した大学者になるのであるが、かれによれば、学問とは人間の理想的人格者――聖人――になるに至るものというのであって、ここに伝統的な東洋の、特に儒学の学問に対する考えが知られると思う。

**孔子の学問への考え方**

ここでまた、孔子の学問に対する考えの二、三を『論語』のなかで見ることにしよう。

(一) 学問（先生から教えをうけたり、書物を読んだりすること）というものは、追いかけても追いかけても追いつけないばかりか、それでもなお目的を見失いがちなもので、なかなか目的に到達することはできない。

(二) 学問するだけで思索しないならば、とりとめがなく頭が混乱するだけである。また逆に、空疎な思索

1) ここまでの前半の語句は『論語』にもある。

ばかりしていても、学問しなければ独断におちいり、不安心である。

㈢　わたしはあるとき、一日じゅう食事もせず、一晩じゅう寝ないで、一心に思索しつづけたことがあったが、結局むだであった。学問することには及ばない。

㈣　君子（人の上に立つもの）はおもおもしくなければ威厳がない。（といって、威厳があるようにとばかり気を遣いすぎるとかく頑固《がんこ》になりがちであるが）学問をすれば、頑固でなくなってくる。

## 仁の探求

**「吾が道」の追求**　孔子が、人間の最もこころざすべきものとしていたものは何であったろうか。孔子は、自分の考え求めたところを「吾が道」といい、孔子に教えをうけた門弟たちは「夫子《ふうし》の道」と呼んでいたが、人生の目的は、結局、「道」を体得し実践することにあるとして、「道」の追求に異常なほどの情熱を傾けていたことは、「朝、道が聞けたら、かりにその夕方死んでも、まあ満足だろう。」と述べたことで知られる。孔子は「道にこころざす士（紳士・教養人）で、自分の着るものや食べものの粗末なのを恥じるようなものは、ともに語る資格はない。」とも、「君子は道を得ようと努力はするが、食を得ようと努力はしない。……君子は道のことを心配するが、貧乏なことは心配しない。」と、道の追求が生活に優先するとの立場をとっている。

「道」という字のもともとの意味は、『説文』[1]という字書によれば「行くところの道路」の意味である。道路によって人が行くように、人も人間として存在するからには、「人の道」を踏み行なうことが生活の基本だと考えられ、人の人たるゆえんの道、つまり、人倫を指して「道」といったのである。要するに、孔子の説く「道」は「人道」なのである。

ここで注意しておきたいことが一つある。老子を始祖とする「道《どう》」の立場に立つ人びと——道家——の考える「道」という言葉についてである。かれらの意味する「道」は「世界原理」とか、「宇宙の本体」などを指し、本質をわれわれの感覚で認知することは不可能な、抽象的な概念であるから、これを混同してはいけない。

## 「道」とは「仁」である

それでは、孔子が生活を度外視してまで求めた「道」とは何であろうか。それは、つぎの言葉によって「仁」であることが明確に知られる。

富貴というものは、誰でもほしがるものだ。しかし、その道（当然富貴を得るような正しいやり方）で富貴を得たのでないならば、そのような富貴には安住しない。貧賤というものは、誰でもいやがるものだ。しかし、その道（当然貧賤を得てしまうような不正なやり方）で貧賤を得たのではないならば、少しも恥じるこ

1）説文　書名、三十巻、『説文解字』といい漢代にできた。

とはなく貧賤になっても、それは天命であるから、その境遇に甘んじ、去ろうとはしない。君子たるものは、仁をはなれてどこに名を成すことができようぞ。君子は食事をしおわるほどの少しの間でも仁にたがうことなく、忙しいときにも必ず仁にそむかないよう行動し、とっさの危いときにも仁にもとづいて行動するものである。

## 「仁」の意味

この「仁」という言葉は、『論語』の中で、最も重要な言葉といってよく、『論語』全体を通して「仁」を論じた章は五十八もあり、全四九二章の約八・五パーセントを占め、仁の出てくる数は、一〇五度に及んでいる。けれども、これほどしばしば「仁」を論じながら、孔子は「仁」の本質ないしは「仁」の定義を述べていないのも特徴だといえる。

『説文』によれば、「仁は親しむである。人と二とがならんでいる。」とある。人偏《にんべん》に二を書いた字であるから、人と人とが互いに親しみあう意味を持っているというのである。二というのは、複数の最初の数である。人と二と合した形で、人間が人間として社会生活を営むうえでたいせつなものを何か意味させようとして用いられたに相違ない。『論語』では、樊《はん》遅《ち》という弟子が「仁」についてたずねたとき、孔子は「人を愛することだ」と答えているが、この「人を愛すること」が「仁」の重要な本質の一つであると、古来から考えられていたようで、すでに孟子も「仁者は人を愛する」といい、『荀子』にも全く同じ言葉が見えている。

**顔淵における仁**　孔門第一の弟子といわれる顔淵が、仁をたずねたときの孔子の言葉は、つぎのような問

**「克己復礼」**　答の形式でしるされている。

顔淵「仁についておたずねしたい。」

孔子「克己復礼（自我を殺し、私欲を克服して礼――社会の秩序・法則――にたちもどること）が仁ということである。（だが、これは非常にむずかしいことで、仮に）一日でも克己復礼ができれば、その人に感化されて、世界中の人びとが、みな人道に帰するようになるであろう。また、仁を行なうことは自分自身の心がけによるのであって、他人の力にたよるものではない。」

顔淵「それでは、それを実現するための重要な項目をお聞かせ下さい。」

孔子「礼の法則にかなっていなければ、視ることも、聴くことも、言うことも、動くこともしてはいけない。」

顔淵「よくわかりました。わたしは至らぬものですけれども、ただいまのお言葉を実践するようにつとめましょう。」

**子張における**　また、弟子の子張との仁についての問答。

**仁「五徳」**　子張「仁についておたずねしたい。」

孔子「五つの徳を世界中で行なうことができたら仁といえる。」

子張「五つの徳とはいかなるものですか。」

孔子「恭（うやうやしい、態度につつしみがあること）。寛（おおらか、心が寛大であること）。信（まこと、言葉にうそがないこと）。敏（さとい、物事の処理が機敏であること）。恵（めぐみ、めぐみ深いこと）の五つである。

恭ならば、人にあなどられることがない。寛ならば、人望が得られる。信ならば、人に信頼される。

敏ならば、仕事がてきぱきできて成績があがる。恵ならば、人をうまく働らかせることができる。」

## 孔子の教育法

『論語』に現われた孔子の述べる「仁」が、このようにきわめて多様性を持ち、仁の本質についての定義をせずに、多面的な説明として雑然と集録されているわけは、なぜであったろうか。その一つの大きな理由は、孔子が弟子を教育するのに、現在のようなマスプロ教育の、講義のような形式を全く取ることがなかったことによるといえる。孔子は、弟子たち一人一人の教育に対する姿勢をよく理解したうえで、個人指導の形をとって教育したのであった。「わたしは人にものを教えるのに、人が理解しようという気持ちがいらだつほどにならなければ、説き聞かせるようなことはしない。また、口で言い表わそうとして、なかなかうまく言えず、もだえ苦しむほどにならなければ、言えるように導びいてはやらない。なお、四角のものにたとえれば、一隅《ぐう》を説明してやって、先方が三隅をあげてたずねかえしてこないようでは、同じことを再び教えるようなことをしない。」という、いわゆる啓発主義の教育法を採用して弟子たちに接したゆえ、一見、多面的で雑然とした仁の説明がなされたようにうかがわれるのである。

しかし、孔子は、思いつきの教育をしたのではなく、孔子の主張は終始一貫して変わることがなかったのであった。

## 曾子における仁「忠　恕」

これは弟子の曾子との、つぎの問答によって知られる。

孔子「参《しん》（曾子の名前）よ、わたしの道は一つのものをもって貫《つらぬ》いている。」

曾子「はい。」

——先生が出ていかれると、そばにいた曾子の門人がたずねる。

門人「孔先生のおっしゃられた真意は何ですか。」

曾子「先生の道は忠恕《ちゅうじょ》の二つに尽きる。」

曾子は、『史記』によれば、孔子より四十六歳の年少というから、いわゆる孔門の十哲（一二二ページ参照）のだれよりも若い、孔子晩年の弟子で、孔子の学問の正統を受け継いだ人物である。かれは、孔子の「仁」を「忠恕」という言葉で理解したのである。「忠」とは、心のまんなかという意味で、一方にかたよることがないことをいい、自己の欲望に身をまかせることなく、つねに中正であることを本質として持ち、「恕」とは、自分の心を推《お》して人に及ぼすことを意味するもので、まごころによる他人への思いやりということを本質として持つのである。「忠」は自分自身の問題に関する言葉であり、「恕」は自分と対人の問題に関する言葉なのである。いま、われわれは、ここにこそ孔子の求めていた「吾が道」があり、「仁」の真意がうかがえそうであると理解したら、孔子の本心からそう遠く離れるものではない、といってよいであろう。

## 君子への道

**君子の意味**　仁とならんで多く用いられた言葉は「君子」という言葉で、『論語』には八十を越えて現われる。「君子」とは、もと君主の側近として仕える子、侍童の意味であった。君主の近くに仕えるものは、当然貴族であったから「君子」は転じて若い貴族の子弟、良家の子弟の意になり、さらに転じて貴族的教養の身についた人物、紳士となったのである。古代においては、教養は貴族ないしは貴族の子弟の独占物であったからである。

それゆえ、『論語』には、棘子成《きょくしせい》という衛の貴族が質朴な風がおとろえて、うわべばかり飾る習慣が多くなった時勢をあげていて、「君子というものは、本質の美しさがあればよく、何もそのうえ、学問とか修養とかいったもので、うわべを飾る必要はなかろう。」と言ったところ、孔子の高弟の子貢が、「あなたの君子論は正しくない。文（かざるということ）も質が必要なように、質も文が必要であって、両者が渾然《こんぜん》一体となっているところに、君子の君子たるゆえんがあるのだ。」と反論した話が載せられているが、この棘子成の考えの根底には貴族即教養人という図式があったのではないかと思われる。しかし、孔子は貴族即教養人という考えには立たなかった。孔子は君子を理想的人格者、全人的教養人と考え、「君子は器（単に一芸一能に秀で、一つの専門にだけ役だって、ほかのものには融通がきかないというようなもの）であってはならない。」という発言もしたことはあるが、むしろ、『論語』全編で知られる君子は、未完成な学問途上にあるものを含めて、教養を身につけようと学ぶ人をいっている場合のほうが大部分である。その典型的な言葉にはつぎのようなものが見えるが、ここには君子即教養人という考えからは明らかに遠いものがある。

君子は、はば広い学問をして識見をひろめるとともに、一方では、それを礼（の実践ということ）でしめくくっていくということであれば、道にそむかぬりっぱな人物となることができよう。

また、その反面、いかに君子といわれるような人物でも、修養につとめず、努力を怠《おこ》たれば、君子の当然行なうべき道、仁の道からはずれることもありうるという考えをさえ抱くに至ってつぎのように述べる。

君子にだって仁でないものはいる。

## 君子の質的変貌

つまり「君子」の意味は、孔子においてきわめて質的な変貌をとげたのである。かつては貴族階級の独占物であった教養が、貴族に仕える士階級にまで拡大され、同時に、君子即貴族、即教養人という考えの枠を越えて、仮に士であり、極端な場合では庶人であっても、不断に学問にはげみ、よき友と交わり、人と和合し、おのれを持するために公正厳粛で人と争うことがなく、つねに反省して自己修養につとめる、といった道徳修養に身をささげる人物であれば、君子と呼ばれ、教養人と見るに至ったのである。ここにおいて、君子は生き生きと『論語』全編に躍動したのであって、そのような君子を養成することがまた、孔子の教育目標であり、また、私立学校創立の理由であったのである。

**孔子の君子・小人論**　以下、孔子が求めた君子のありようで、小人（無教養人）に対比しているもののうちの若干を『論語』に拾えば、つぎのような言葉がみつかる。

㈠ 君子は私心がないから、いかなる場合でも人となごやかにつき合うが、付和雷同はしない。小人はすぐ付和雷同するが、人となごやかにつき合うことはできない。

㈡ 君子は道義に従って修養するから、一日一日と高いところ、明らかなところへと向上していくが、小人は利欲に従って行動するから、一日一日と低いところ、汚れたところへと下落していく。

㈢ 君子は何事も自分に反省を求め、自分を責めるが、小人は何事も他人に求め、他人を責める。

㈣ 君子は、（いかなる地位にあっても、必ず道に従っているから）つねに心がのびのびとしている。小人は永久にくよくよしている。

㈤ （人の上に立つ人にも君子と小人とがあるが、上に立つ人が）君子であれば、この人に仕えることはたやすく、喜ばせることはむずかしい。（なぜなら）喜ばせるにも、こちらが道にかなっていなくては喜ばないからである。そして、君子は人の器量に応じて使ってくれて、無理な要求はしないから、仕えやすいのである。（これに反して上に立つ人が）小人であれば、この人に仕えることはむずかしく、喜ばせることはやさしい。（なぜなら）喜ばせる場合は、道にかなっていなくても——へつらいとか利益とかをもってしても——喜ぶから喜ばせやすい。そして、この人が部下を使う場合になると、あらゆる才能を備えていることを要求するから、仕えにくいのである。

㈥　君子は万事に処するに当たって、まずそのことが正しい道理にかなっているかどうかを敏感にさとるが、小人はまず利益になるかどうかを敏感にさとる。

# 家庭の倫理

## 孔子の立場——社会と人間——

**家庭—集団社会の生活の基盤**　人間というものは、集団で社会生活をいとなむのが自然であると考えていた孔子は、流浪の生活をおくっていたころ、長沮《ちょうそ》と桀溺《けつでき》という二人の隠遁者に出会って、「こんな曲がった乱れた社会をなおそうなどと考えるのはむだであるから、いっそのこと、この社会から逃避したほうがいいぞ。」と言われたとき、

いくら世界が混沌の状態だからといっても、人間には鳥だの獣だのとの共同生活は不可能だ。どんなに苦しくても、人間社会のなかでこそ生活しなくてはならないのだ。世の中が正しい時代で、道が行なわれているのなら、何もわたしは改めようなどと考えるはずがない。

と感想を述べている。また『大学』という書物の最初の部分には、孔子の言葉というのがあり、これによれば、

人間は、まず、自己の修養ということが大事である。自己の修養ができれば、必然的に家庭が整い治まるし、家庭が整い治まれば、国家が治まる。国家が治まれば世界は平和になるのだ。

と記されている。ここから帰納してみると、孔子は個人としての人間がもちろん根本にあってのことであるが、集団社会の生活の基盤ということになると家庭だ、というふうにみていたということになるであろう。このように考えれば、人間社会における対人関係の倫理をみていくとき、基準として、家庭の倫理の検討からはじめても、あながち、おかしいとはいいきれないであろう。そこで、ここではこの観点から孔子の考えをみていくことにしよう。ただ、はじめにことわっておかなければならないのは、孔子は標準的な社会生活の基本を「家庭」とみて、そこに発生するであろう典型的な人間愛のかたちを、最小の単位としての肉親、家庭間の愛情のなかに、まず認めはしたけれども、あくまでも基本的な関係でのものであって、現代的な、いわゆるマイ・ホーム主義のものとは、質的な相違をもっている。さらに、孔子の生きた時代は、今から約二千五百年も前の中国の春秋時代――封建社会の時代だということである。そして、その社会集団の一員としてその社会構造を是認しつつ生活した孔子の立場は、当時の社会集団の一員としての人間を考え、封建社会集団の基本的関係を家庭の中にみているのである。これらのことを前もってしっかり把握しておかなければならない。

当時の社会、特にその血族関係は、宗族形態から家族形態へと移行しつつあって、特に家父長的家族構造であったことに留意することが必要であり、孔子の説いた家庭の倫理も、これを無視して考えることはできない。もし、これを無視してしまうと、『論語』で説かれる家庭の倫理に誤解を生じるおそれがあるからである。

## 子から親への倫理

**孝の意味**　孔子は、子どもの親に対する倫理を語るのに「孝」という言葉を示した。孝という文字は、子どもが老人を背負っている形を表わしたものである。『孝経』という書物に、孔子の言葉として、「孝というものは徳の根本をなすものである。」と記された部分があるが、これによっても儒家の人たちが孝をきわめて大事なものだと考えていたことが知れる。

**忠の意味**　ふつう、われわれは「忠」に合わせて「孝」を用い、熟して「忠孝」というときがある。君に忠、親に孝といったたぐいのものである。そして、これが孔子の教えだと思いこんでいる人もいるけれども、これは誤りである。孔子は、君に忠、親に孝とあわせ用いたことはなく、まして忠を臣下が自分のいのちを軽しとして、君主に絶対の忠誠を尽くすという意味で用いたことは全くない。

孔子の用いた「忠」の意味は、まごころを尽くすこと、私心を持たないこと、そしておもいやりを持つこと、つまり、自分の良心やなさけ心に忠実なこと、をいうのである。もちろん、君主につかえるに誠実で、職務に専念することであるから、外形的には、たまたまわれわれのいう「忠」と一致する姿がそこに見いだされることはあるであろう。しかし、内容的には全く質の異なったものであることに、注意する必要がある。

君主に対する、国家に対する絶対的な忠誠心を表わすことを意味する、いわゆる「忠」を用いたのは、孔子の死後、約百五、六十年ほどたってこの世に生まれた荀子という人物であったことも、ここにあわせてしるしておこう。

**孝の概念の基本的要素「養」**

当時の孝の概念をかたちづくる基本的な要素は「養」ということであった。孔子は、「当世風の親孝行というものは、親を養うことができることだと思っている。」といっているし、『孝経』には、

自分の身をつつしみ、自分の生活費を節約してでも父母を養うことが、庶民の孝行というものである。

とるされている。この養の内容は、親に衣食の不自由をかけないように心がけ、親の労働の肩がわりをするというようなことをさしている。庶民は自分の楽しみを犠牲にしてでも父母を養うようにすすめられ、それが美徳とされるのである。

しかし、このように経済的、肉体的行為の養だけで親孝行が片付けられてしまうとしたらいかにも残念であろう。孔子は、そこで、より次元の高いもの――精神的なもの――に心を及ぼさなければ十分だといえないと説くのである。

**精神的なものの消極面**

精神的なもののうち、第一にたいせつなことは、ごく消極面ではあるが、親に心配をかけないようにすることがすすめられる。

孔子の弟子に孟武伯《もうぶはく》という貴族の子弟がいた。魯の家老、孟懿子《もういし》の子で、将来は父親のあとをついで魯の家老を約束された若ものであった。かれは父親孟懿子の遺言によって孔子を師と仰ぐようにいわれていたが、この男が孝についてたずねたことがある。——孟武伯は生まれつきからだが丈夫ではなかったので、父親はつねに心配し、同僚であった孔子に子どものからだのことについて話したことがあったのかも知れない——孔子は答える。

父母というものは、何にもまして、ただもう子どもの病気のことを心配するものですから、あなたの場合、親の気持ちをくんで、からだに十分気をつけ、親にからだの心配をかけないことが、何よりの孝行です。

また、孔子はつぎのようにも言っている。同じく、親に心配をかけないための注意である。

父母はつねに子どものことを気にかけているものであるから、存命中は心配をかけないために、遠いところへ出かけていくべきではない。万一、どうしても旅行をするようなことになってしまった場合には、必ず自分の行き先をはっきりさせておくべきである。

**精神的なものの積極面**

つぎに、精神的なもののうち、積極面としては、親に仕えることのたいせつさが説かれる。親に仕えるときに要求される第一のものは、おだやかな顔色を見せるということである。子夏という、きわめて謹厳な門人の質問に対する孔子の答え、親に接するとき、顔色や態度をやわらげることはむずかしい。が、それをすることが親孝行なのだ。

子夏はまじめな青年であったから、親の仕事も引き取り、労働などは親にはさせずに自分で行なった。また、酒や食べものがあればまず何をおいても父母に捧《ささ》げた。けれども、そういう子夏にむかって、孔子はこの言葉を発したのであった。このようなことは、たしかにたいへんな肉体的、精神的苦痛を伴うものではあるけれども、一般の若ものだって、すべての先輩にするのであって、格別に、親にだけするのではない。親に対しては、もちろん行なわなければならないけれども、それを越えて、親に対する深い愛情を孔子は子夏に要求したのであった。親に対する愛情があったら、必ず柔和な容貌を見せることができるはずである。おだやかな顔色を忘れて、真に親に安心させることはできるはずがないというのである。

親に仕えるときに積極的に要求される第二は、親の気持ちをくみ、親のこころざしをなしとげるように努力することである。それも、親の存命中はもちろんのこと、死後にいたるも及ぶものである点にも注意しておこう。

父親が活躍しているときには父親の気持ちをくみながら仕事をしているかどうかに心を留め、さらに父親の死後も、三年間――これは、いわゆる喪に服している期間として定められたもので、足かけ三年間、二七か月もしくは二五か月だという――父親のやり方をかえないでいるかどうかを見るがよい。そして、それが実行されているものは親孝行といってよい。

さらに、日常生活で親が子どもの心配をしているのにこたえるように、親に心をくばらなくてはならないことなども教える。その一つの例。

父母がいま何歳であるか、知っていなくてはいけない。その理由の一つには、父母がこれほどまで長い年月、この世に生きつづけていられることに喜びを感じるためであり、もう一つには、父母がこれほどまで長い年月、この世に生きつづけてきてしまっていることにおそれを感じるためにである。

**敬愛の心情を持つことのたいせつさ**

そして結論としてあげられるのは、親に仕えるに敬愛の情を持つことのたいせつさであった。つぎの言葉によって知ることができよう。子游が孝を質問したときの孔子の答え、

当世風の親孝行というものは、親を養うことができることだと思っている。でも、ただそれだけのことならば、犬や馬のような家畜でさえも養っているではないか。親に仕えて尊敬の情愛がなかったならば、親と犬や馬との区別がないわけだ。敬《うやま》う心をもって、親に仕えなければいけない。

## 親から子への問題

### 父は父であるように

孔子の生きた時代が、家父長的家族構造をもっていたという事実を前提にすれば、親の子に対するあり方というものは、絶対的というい方が最もふさわしく、『論語』でもこのような自明の問題をとりあげる必要を認めなかったのであろうか。親の子どもに対する倫理を説くものはみあたらないというのが、特徴の一つだといえばいえる。

孔子は親の倫理として、「父は父らしい父であるように。」という有名な言葉を残している。しかし、これは、「父親というものは子どもにどうあらねばならないか。」という命題のもとに用意された言葉ではないから、ここに父親のあり方を発見することはむずかしい。この言葉は、すでに述べたように、斉の景公が政治についてたずねたときの孔子の答えのなかの部分である。当時、斉の国の内政は、君主景公が婦人の問題から家庭をみだして、太子を廃するというような事件を起こし、家老の陳氏がこれに乗じて国政をかってに行なったりして、国情が混乱していたときであった。それゆえ孔子は、君主という地位にある人は、その地位にふさわしい道徳性を持ってほしい。また家臣は家臣、父親は父親、子どもは子どもとそれぞれの名にふさわしい道徳性を持つことがたいせつであると述べたのであった。

**顔淵の死の場合**　顔淵の亡くなったときのことである。顔淵の父親の顔路――かれも孔子の弟子で、孔子より六歳年少だったという――は貧しくて椁《かく》（外棺のこと）が整えられないので、孔子のところへ金の無心にいった。

顔路「先生のお車をいただけませんか。それを売って、子どものために椁を作ってやりたいものですから。」

孔子――この申し出を拒否する。「お前の子はなるほど賢《かしこ》かった。私のむすこは賢くはなかった。けれども、りこうであれ、馬鹿であれ、自分の子どもは子どもとして特別かわいいものだ。だれでも、親としては、子ども本位にものを考えるものだ。ところで、私の子の鯉《り》が亡くなったときにも、棺だけで椁はなかった。だからといって、車を売り徒歩にしてまで、椁を作ることはしなかった。そのうえ、私は家老の末席に列しているものであって、家老はいかなる場合でも、車なしで徒歩で外出することは、許されないのである。」

ここで、われわれは、二人の父親の気持ちを推察することは容易であろう。二人とも実に率直に親子の情愛を示しあっている。

**伯魚への教えの場合**　つぎの話にうつろう。陳亢《ちんこう》という若い弟子が、ある日、孔子の子である伯魚（前出の鯉の字《あざな》である）に質問をした。

陳亢「あなたは先生のご子息であるから、何か特別な教えをお聞きになられたでしょう。」

伯魚「いやそんなことは別にない。ただむかし、『詩』を学べ、詩を勉強しないと世間に出てものが言えないぞ。『礼』を学べ、『礼』を勉強しないと、人間の人格形成ができないぞ、と言われたことがあるだけだ。しいてあげればこの二つだろう。」

陳亢――これを聞いて喜んでいう。「私は一つの質問で三つの有益な教えを受けられた。一つは『詩』を学ぶこと。二つは『礼』を学ぶこと。三つは君子はたとえ親子の間柄でも、特別あつかいはしないもので、むしろ遠ざけているということを。」

この話のおもしろさは、三つめの、「君子はたとえ親子の間柄でも、特別あつかいはしないもので、むしろ遠ざけているということを」という部分であろう。家庭教育のむずかしさが今日でも大きな問題になっているが、これが実は、二千五百年も前の話であるというところに興味を引かれるが、もっとはっきりしたかたちは「孟子」の文にしるされている。

**君子が自分の子を教育しない理由**

公孫丑《こうそんちゅう》という門人が「知識人が自分の子どもを自分で教育しないというのは、どういう理由でありましょうか。」と質問したときの孟子の答えがそれである。

「自分で教えたいのはやまやまであるが、それは自然のなりゆきでそうできないのだ。なぜかといえば、教える親のほうでは、どこまでも正しい道を教えようとするが、それがうまくいかないとき、きっと怒りだすことになってしまう。そうなると、本来、子どもをよいほうへ導こうなどというところからはじまりながら、かえって、親子の情愛をそこねる方向にいってしまう。子どもは子どもで、『おやじは、おれにどこまでも正しい道を教えようとしているが、おやじだって完全っていうわけじゃあるまいし、おれだけ完全であるようにというなんてあんまりだ。』とうらみの一つも言うようなことになり、結局、親子ともに情愛を傷つけあうことになる。親子ともに情愛を傷つけあうなどということは、人倫上よろしくないことだ。だから、むかしは、自分の子と他人の子とをとりかえて、相互に教育しあったのだ。こうすると親子の情愛はまったく結ばれ、教育効果も十分あがるということになる。

だいたい、過失をたがいに正しあうのは友だち同士がよいのであって、親子の間では、よいことをするようになどと責めあうものではない。親子の情愛がうすれてしまう以上に不吉なことはないのだ。」

親が子どもの教育に頭をなやませることは、これで伝統的なものであることがわかったし、何やら宿命のようなものを感じるわけである。

## 兄弟のあり方

### 「兄弟」について

『論語』には「兄弟」という語は三つほど出てくるが、ここで取りあげようとする兄弟をいったのは、「兄弟はなかよく」「兄弟はにこにこなごやかに」の二つだけである。

そして、これらがある特殊な意味をもち、特別な事情のもとに使われているということは、今日のふつう一般的な意味での「兄弟愛」を説く心を、孔子、ないしは『論語』の編集者たちが、持ち合わせていなかったということを示すものと考えることができよう。あるいはまた、これがこの時代の意識だと見ることもできるかも知れない。いまこの意識を分析して、ごく簡単にいいきってしまえば、一つには兄弟は仲よくするのが当然で、改めて説くまでもないこと、二つには兄弟愛など問題にする時代ではなかったということとなるであろう。

この時代の家族に対する見方は、横の関係は軽視され、縦の関係が重視されていたのであった。家父長的家族構造では、子が親に仕え、弟が兄に順《したが》うことが重要問題となっても、父子愛、兄弟愛はさほど問題にならなかったのである。

さて、「兄弟なかよく」は『論語』に引用された『書経』の言葉である。これは孔子が直接に政治から離れていたあるとき、人に政治活動をしない理由をたずねられたとき、答えに引用したものであった。『書』にいわれている言葉、「親に仕えて孝をつくし、兄弟はなかよくすること。」は、家にあって正しい生活である。正しい生活をしていることは、必ず国政によい影響を与えるものだから、とりたてて、世のいわゆる政治活動はしなくてもいいのだ。

また、「兄弟はにこにことなごやかに」は、子路がどういう態度をとったら教養人といえるかと質問したときの答えである。子路は孔子の弟子のなかでは、気性がさっぱりしていて、剛勇できこえた豪傑肌の男であったが、書物は嫌いだし、軽率で、自分と合わないものには極端に憎しみの眼をむけるという人物であったから、孔子は、「仲間同士はたがいに心をみがきあい、はげましあい、兄弟に対してはにこにことなごやかに。」と教えたのであった。

## 「弟《てい》」について

最後に、兄弟の関係について、もう一つ考えてみることにしよう。

孔子は、しばしば「弟《てい》」ということを言っている。これは、兄弟愛について言ったのではなく、弟の、兄に対する、また、年少者の、年長者に対するあり方について言っているのである。「弟」は「悌《てい》」とも書き、従うの意味である。「孝」が親に対する子どもの倫理の言葉ならば、「弟」は兄または年長者に対する弟ならびに年少者の倫理の言葉である。ここにおいても前述の縦の関係が重視された事実がはっきりと示されるのである。

# 国家社会の倫理

## 家庭倫理の社会的優先

**社会的関心の消極面と積極面**　門人の子貢が、孔子に向かって、ただ一言で、しかも一生涯、いわゆる、座右《ざゆう》の銘《めい》として心に留め、身に行なってさしつかえのないというような名言をたずねたことがあった。

孔子は、これに答えてつぎのように言った。

それは「恕《じょ》」とでもいったらよかろうか。「恕」というのは、自分が人からされたくないと思うことを、人にもしかけないということである。

「恕」とは思いやりという意味である。自分と他人とに関する言葉であるとともに、個人と社会集団とに関する言葉でもある。一般に、人はだれでも、わがままな心——利己的欲望——を持ちがちである。その恣意《しい》的な利己心をそのまま放置しておくと、自分さえよければ、他はどうなってもかまわないという、きわめて反社会的な心理に発展する可能性が強い。そのため、孔子はこの反社会的な利己心に大きな制動力をかけようとしたのである。「恕」という言葉は、そういった意味を多分に持っている。自分がやることは嫌いだけれども、人にやらせることは平気であるという、自分かってな利己心を持つな、自分が嫌うものは、まず、他人も嫌うものと思い、他人の心を忖度《そんたく》（おしはかる）しつつふるまえというのである。

だが、思いやりとは、元来、消極面を持つものである。他人を自分とは全く同じには愛しきれないが、他人を思いやって、いたわり、他人に対する自分の冷酷さを緩和するといった作用を持つのである。そこで一方では、孔子はこの消極的対人関係を越えて、積極的対人関係をも構成しようと心がける。同じく子貢との問答の言葉がそれである。

子貢「もし、広く人民全体にめぐみを施し、また苦しんでいる大衆を救済することができたら、いかがなものでしょうか。仁者と申すことができますか。」

孔子「それができたら、仁者どころではない。それこそ聖人といってよかろう。古代の聖天子といわれた堯舜《ぎょうしゅん》でさえも、苦しまれた事柄である。いったい、仁者は、自分が身を立てたいと思う場合、まず、人の身を立てる。自分が行きつきたい、到達したいと思う場合、まず人を行きつかせ、到達させてやる。このように、万事自分の身にたとえをとって、自分の心に考え、それを推《お》して人に及ぼしていく。それが仁に到達する方法である。」

孔子の消極的・積極的な対社会的関心は、人間を孤独な個体と見ずに、社会的連帯のなかでの個体と見ようとしている。しかし、ここで注目しなければならない大きな問題がある。

孔子の社会生活への発言の方向は、つねに個人の対個人、対社会集団をとっていたことである。人間の自己修養による道徳的向上が社会環境を好転に導びくものだと理解するたいへん楽天的な社会観なのである。

この考えは孔子をはじめとする儒家の共通した精神構造といってもよく、すでに「家庭の倫理」の最初の部分で述べたように、個人の修養が家庭を治め、さらに家庭から国家へ、国家から天下へと漸層的に拡大される仕組みを考えていたのである。それゆえ、社会道徳も、詳細に分析検討していくと、個人道徳ないしは家庭道徳のなかに融合されてしまうという傾向があることを否定できないのである。

## 家庭倫理の優先　泰伯の場合

その最も極端な例を『論語』にみるとき、国家の法律と家庭の倫理とを秤《はかり》にかけて、家庭の倫理を優先させている事実を指摘することができるのである。

孔子はいう。周の泰伯《たいはく》こそは、実に、至徳の人というべき人物であろう。泰伯は、当然天下を受け継いで王となるべき身でありながら、固く辞退して末の弟に天下を譲ってしまった。しかし、譲り方がいかにも人目につかずにやったので、世人はそのことさえ知らなかった。それで、これを賞《ほ》めるものはなかった。そこが泰伯の至徳のいわれである。

周室の先祖、大王《たいおう》には三人の子ども――泰伯・仲雍《ちゅうよう》・季歴《きれき》――がいたが、泰伯と仲雍は先妻の、季歴は後妻の子であった。後妻の子の季歴を愛した大王は、季歴に子どもの昌が生まれるとき、瑞兆《ずいちょう》があったとして、「周は昌のとき、すぐれた国になるであろう。」ともらしたのであった。長男の泰伯は、それを耳にすると、父の気持ちを察知して、弟の仲雍とはかって南方に家出をし、南蛮の風俗に化し、入れ墨《ずみ》をし、髪を切って土着してしまった。そのため大王が季歴に位をゆずっても、民心は動揺しなかった。この位ゆずりに泰

葉公，孔子に政を問う

伯の身を犠牲にしての心くばりのあることを理解しなかった民衆は、もちろん泰伯をほめることをしなかった。

孔子は、泰伯が本来の順序としては位を継ぐべきなのに、父親の心が末弟にあることを知り、父親の気持ちを察して身をかくした行為を親孝行だというのである。孔子は、国家の法律を無視しても、父親の心を推量しつつ孝行を尽くすことのほうが、倫理的に高く評価できると考えているのである。そしてこれは、孔子にとってはなんら特殊な考えではなかった。むしろ、孔子はここにこそ人情の自然があると素朴に信じていたのであった。

**家庭倫理の優先**
**直躬《ちょくきゅう》の場合**

家庭倫理の優先はつぎの正直問答の例で知ることができよう。楚の一地方長官であった葉公《しょうこう》と孔子との会話。

葉公「わが村に正直ものの躬《きゅう》という者がいる。この男の父親が、よその羊の迷いこんだのを取って自分のものにしてしまったのを、（子であるかれは）役所に証人として訴え出たほどである。」

孔子「わたしの仲間の正直ものは違います。父親は子どもをかばって悪事をかくし、子どもは父親をかばって悪事をかくします。実は、このかくす行為にこそ人情の自然——自分の気持ちをいつわらぬ正直の精神——があるのです。」

家庭を破壊から守ることが国法に優先するという孔子の考えは何も特異なものではなく、当時としては、相当の支持があったのである。もちろん、周代末から、秦、漢にかけて政治体制が確立してくると、政治思想においても、このような考え方は、次第に弱化の傾向をたどるのは当然であるが、ここに、法と法を運用する人間の心のかねあいという問題が新たに提起されることになるのである。ともあれ、孔子は国家の秩序の破壊をおそれる以上に、人間精神の抹殺をもたらす可能性の助長をおそれたのであった。法が法として人間の前に大きく立ちはだかることが、結果として人間性を見失うという危機感を、孔子が抱いていたことは事実のようである。

法か、人間性かは、現代においても完全には解決できる問題ではない。刑事訴訟法第一四七条には「近親者が刑事責任を問われた際、有罪判決をうけるおそれがある場合には、証言を拒絶することができる。」という意味の条項があることは興味深い。

## 政治について

**政治の根本「信頼」**　孔子は政治の根本を信頼においた。門人の子貢が政治をたずねたときの会話で知られる。かりに財政は豊かであり、軍備も充実しているように見えても、人民の精神が弛緩《しかん》してしまい、風俗が紊乱《びんらん》しているとすれば、人民の生活が豊かで武力が強大であることがかえって国家を毒し、滅亡を招く作用となって働くというのである。人民相互に信頼の念がなく、人民に政府不信の思いが高まれば、国家の繁栄、軍備の充実などというものは、はかない夢となって、たちまち、あえなく崩壊することであろう。たとえ食糧に欠乏を生じ、そのため、一時的には人民の生活が不安定な状態に陥ってしまっても、かれらの精神が緊張していれば、危機もあるいは切り抜けることができるであろう。つぎの会話はそれを示している。

子貢「政治についておたずねしたい。」
孔子「食糧を十分にし、軍備を十分にし、人民が信頼の心を持つことだ。」
子貢「どうしてもやむをえないで捨てるなら、この三つのうちのどれを先にしてよいですか。」
孔子「軍備を捨てよう。」

子貢「どうしてもやむをえないで捨てるなら、あとの二つのどれを先にしてよいですか。」
孔子「食糧を捨てよう。（もちろん食糧がなければ人民は死ぬが）昔からだれにでも死はある。人民に信頼の心がなければ存立しないのだ。」
経済・軍備・道徳は、国家経営の三本の柱である。これのどれをまずとって努力するかは、為政者のつねに選択を迫られる大きな問題であった。
ここで孔子が政治に道徳を第一番にとって、信頼の重要さを説いたことは、一九世紀のはじめ、ナポレオン軍がドイツを侵略した際、占拠されたベルリン市街にあって、ベルリン大学で足かけ二年にわたって講演した哲学者フィヒテの話が思い出される。かれは、「ドイツ国民に告ぐ」と題して、敵の銃下にありながら、ドイツの精神教育の復興を臆することなく叫びつづけたのであった。

**為政者への要求「徳」**　さて、孔子が政治に信頼を第一においた結果、政治の実際にあたる為政者たるものはたえず修養につとめ、人格を磨き、徳をもって政治に対することを要求される。高潔な徳をそなえた人格者があって、正しく人民を治めるならば容易に人民は従うものだと主張する。
(一)　かりそめにも自分の身を正しくしさえすれば、政治をやるぐらい何の困難があろうか。また自分自身をさえ正すことができないで、どうして人を正すことができようか。したがって、そのようなものに政治のできる道理はない。

㈡　為政者みずからが正しければ、人民に命令など下さなくても政治は正しく行なわれるが、反対に、正しくなければ、いくら命令したところで、人民は服従しない。

魯の青年貴族季康子《きこうし》――孔子が晩年、帰国したときの総理大臣――が孔子と政治について問答したとき、孔子は、相手が現に一国の首相の地位にありながら、為政者たるの反省を怠《おこた》り、そのうえ、責任を人民に転化していたことを重くみて、はっきりと季康子を批判して、為政者たるの反省と修養を要求したのであった。

すでに七十ページ以下で述べたごとく、政治をとるものの資格の第一の条件は、自分自身の姿勢を正しくすることだというのであり、他の条件をいくら考えてつけ加えてみても、結局はだめなのだというのである。国内に盜賊の多発するのも為政者の責任であるし、無道徳者の跋扈《ばっこ》するのもまた、為政者の責任であるというのであった。季康子とのつぎの問答によっても、明瞭に了解することができるであろう。

季康子「人民が、為政者に対して、敬意を持って忠実に仕事にはげむようにさせるには、どのようにしたらよろしいものであろう。」

孔子「もし為政者が人民に対して言動をかりそめにすることなく、荘重な態度をもって対すれば、人民は為政者に敬意を表するでありましょうし、為政者が家庭にあって親には孝行であり、子どもには慈愛深いというのであれば、人民も忠実になるでありましょう。また、人民のうちの善行あるものを挙用し、無能力者を捨てるということなく、ねんごろに教えみちびくという態度に出れば、人民はおのずと仕事にはげむでありましょう。」

孔子は、徳治主義の政治を主張し、法治主義の政治を排斥し、「人民を導くのに政令法律をもってし、従わないものには刑罰で統制するやり方は、結局、人民に刑罰さえ免れれば何をやってもよいと考えさせ、悪に対して恥じておそれる心を失わせる。道徳で人民を導き、礼（法に対して、それほど厳しくない習慣法的規範）で統制するというやり方をとれば、自然、道徳的に恥じる心が生じ、正しい道にすすむものだ。」ともいっているが、これはかれの持論であった。

## 名分を正す

孔子は、為政者に不断の努力を求め、徳をもって人民に対することを望んだが、かつて十四年の流浪生活の際に経験した事件があった。衛の内乱に遭遇したのであった。このとき、同行の子路に、もし先生が国政をまかされたら、この国でどういう処置に出るつもりかと聞かれたとき、孔子は具体的問題として政治論を述べた。このとき「正名」を論じたのであるが、正名とは、すべてのものの名を整理して、その実質と一致させ、道理にかなうようにしようとした、いわゆる名実一致のことである。これは後世儒家の政治思想のきわめて重要な命題となった事柄であったが、当時、衛の君主、出公輒《しゅっこうちょう》は父親の蒯聵《かいかい》——かれはある事件から母を殺そうとして失敗し、国外に亡命していた——を父と思わないし、蒯聵はまた、自分の父、霊公《れいこう》の命令によって君主の地位についているむすこの輒を無視していた。このように、ともに為政者たる君主父子が、名にそむいて為政者としてふさわしくない行動をとっていた時代には、この正名問題こそ、まず大事と、孔子は考えたのであった。

子路「衛のとのさまが、もし先生をお迎えして政治をまかされることでしたら、先生は何から先に手をつけられますか。」

孔子「何といっても名分を正すことであろう。」

子路「これこのとおり、先生の迂遠《うえん》（時代おくれで、まわりくどい）さよ。今さらどうして名分を正す必要などあるものですか。」

孔子「何と無教養ながさつものよ、お前は。君子というものは、自分の知らないことには黙っているものだ。名分を正すということは、どういうことなのか知っているのか。名分が正しくないと、名と事とが一致しないから、人の言ったことが道徳に順《したが》って行なわれない。言葉が事実に従わないと物事は混乱して仕事はできあがらない。仕事ができあがらなければ礼楽（礼＝人びとの関係を円満にさせ、人倫の分を明らかにさせる。楽＝人びとの関係を融和させる）が盛んにならない。礼楽が盛んにならなければ、法律が適正とならず、刑罰も公平にぴたりといかない。刑罰がぴたりといかなければ人民は不安で手足の置きどころもない。国家の混乱、人民の不安、これはみな名分が乱れたことに原因があるのだ。だから、名を正せというのである。君子は物に名をつけたら、きっと言葉で言えるし、言葉で言えばきっと実行できるようにしなくてはならない。君子は自分の言葉についてけっしていい加減であってはならないものだ。」

## 天と鬼神の問題

### 怪力乱神と孔子

孔子は「怪・力・乱・神」を語らなかった。「怪」とは世にも不思議なこと、怪談。「力」とは力をたのみにすること、または非常に力のあること、武勇談。「乱」は人間の道にはずれた行為のこと、不倫。「神」は人間の力以上の、ある神秘的な力のこと。この四つのものは、普通、人がきわめて好奇心をよせがちなものであって、語ると必ず興味本位に走りがちなものである。孔子はそれを警戒してほとんど口にしなかった。なぜ孔子は警戒して、あまり口にしなかったのであろうか。思うに孔子が教え、求めたものは人間の道だったからであろう。

同様な方面から理解できる孔子の言葉につぎのようなものがある。子路が鬼神に仕える道を問い、死についてたずねたとき、孔子はこの二つの問に教えるところがなかったというのである。

子路「鬼神に仕える道（鬼＝人が死んで霊となったものをいう。神＝天地の神々のことをいう、神霊をまつる礼）についておたずねしたい。」

孔子「生きている人に仕えることさえまだ不十分であるのに、どうして鬼神に仕えることができようか。」
子路「それでは死についておたずねしたい。」
孔子「まだ、なぜ生きるのか、または、真の人間の生き方とはどのようなものか、ということさえ不十分なのに、どうして死のことなどわかろう。」
孔子の教えは人間の教えであった。現実的な日常生活をまず徹底させて、人間とは何かを考える教えであって、その意味ではキリスト教とか仏教とか、宗教と同一線上に並べられるべきものではなかった。怪力乱神を語らず、鬼神を語らず、死を語らなかったのは、そこから理解しなければならない。
孔子においては鬼――人間の死――は生きる人間の延長線上にあるといってよい。生きている者が死ねば、その霊が鬼となるのであった。それゆえ、生きている人間に誠を尽くすと同じ心をもって死者の霊に仕えれば、よいのであって、生と死とで仕える心の区別はなかった。『中庸』という書物に「死に仕えるやり方は生きているものに仕えるやり方と同じようなものだ。」とあるのが、それを明解に物語る。〝人事を尽くして天命に安んずる〟ものであるから、自己修養につとめて、うらむことがなければそのまま死んでも結構だということになるのである。
鬼神に仕えることや死のことは人間に無関係というのではない。生きている人間に尽くす心を持てば、鬼に仕える心はそれでよく、生の探求に心をうちこめば、死に処することができるというのである。
それでは孔子は天や鬼神を全く説かなかったかといえば、そうではない。

**天・鬼神に対する孔子の考え方**

孔子の、天に対する考えは、まず主宰者——この世の統率者——としての天を認めていることである。

孔子「わたしはもう何も言うまいと思う。」

子貢「先生がもし何も言われなければ、わたしども門人は何を述べたらよいでしょう。何も述べ伝えることができなくなってしまいます。」

孔子「天を見なさい。天はいったい何ごとを口出ししようか。何も言わない。しかし、春夏秋冬たゆみなく運行し、万物も生長している。天は何か言うだろうか。（何も言わなくても教えはあるのだ、言葉だけを頼りにしてはいけない）」

また孔子は、天の怒りを感じ、それを敬している。「ひどい雷鳴や烈しい風の場合、天意をおそれて顔色をかえ」ているのである。『礼記』ではこれを敷衍《ふえん》して「もし疾風《しっぷう》・迅雷《じんらい》・甚雨《じんう》があったときは、必ず態度をかえ、夜であっても必ず起きて正装をし正座をする。」としるしている。

鬼というような当然祭らなければならないもの以外のものを祭るのは、何か求める心——たとえば幸運とか、無病息災とか——があってするのであって、これはへつらいである。人としてなさねばならぬことがありながら、これをなそうとしないのは真の勇気がないからである。

孔子がここでいうことは、鬼神にまどうようなことをしないで人道をこそ尽くせというのである。また門人の樊遅《はんち》が知者の態度について質問したとき、「人として当然行なうべき道を努力してつとめ、鬼神に対しては敬遠（崇敬はするが近づきすぎ、なれすぎて、これを汚《けが》すようなことはしない）すること」をすすめているし、また、「祖先を祭るときは、あたかも、祖先が、そこに現にいるかのごとくして誠実とうやまいの心で祭りをした。何かのつごうで直接自分自身で祭りに参加できないで、代理のものにすませてもらったようなときは、どうも全く祭らないような気持ちであった。」と言っている。

以上のことから考えると、鬼神の存在を信じて崇敬していたことは確実であるが、孔子の主とするところが、生きた人間の問題におかれ、道徳思想を中心に孔子の心がそそがれていたものであることを知ることができるのである。

# 孔子をとりまく弟子群像――孔門の四科十哲について――

## 弟子三千人について

『史記』では、孔子の弟子は「およそ三千人と推定され、六芸《りくげい》に通じたものが七十二人あった。」といっているが、この三千人、七十二人という数は、どちらも人数が多いということを具象的に述べたものと考えることもできるし、その数字のままに考えて、少しもわるくはない。

いったい、「三千」の「三」は、天、地、人の総称だともいわれ、たびたびとか、しばしばとか、数が多いの意に用いられている。「三省」という語のもとになった『論語』の、曾子の言葉、「わたしは、毎日、自分の行なったことについて何度となく反省する。」（曽子曰《い》わく、吾《われ》、日に吾が身を三省す）という「三」がその例である。「千」も「千乗の国」（兵車を千台保有する大国ということで、諸侯の意がある）、「千室の邑《ゆう》」（戸数が千軒もある大きな村をいう）などという言葉が『論語』には出ていて、百や万とともに多数の意が含まれている。「三千」という文字は、中国では、古来から多数をいうことの誇張的表現だといってよい。たとえば有名な詩人李白の「秋浦の歌」には、

白髪が三千丈

愁《うれ》いのためにこんなに長い

の句があり、白楽天の「長恨歌《ちょうごんか》」には、唐の玄宗皇帝が楊貴妃を寵愛したようすをうたって、

奥御殿の美女は三千人
三千人分の寵愛を一人でうけた

の句がある。また、戦国時代の孟嘗君《もうしょうくん》や信陵君という諸国の実力者が、食客《しょっかく》（いそうろうのこと）三千人のめんどうをみた話などで知られる。

七十二という数も、たとえば漢の高祖の左の股に七十二のほくろがあった話や、斉の威王が諸県の知事七十二人を出頭させた話などが『史記』にしるされている。

これは戦国時代、山東半島地方から発生したという陰陽五行思想による最大数を意味するもので、司馬遷がこの観念を適用して七十二人といったのであろうともいわれる。

## 孔門の四科十哲

『論語』では、

道徳的方面の実践といえば、顔淵《がんえん》、閔子騫《びんしけん》、冉伯牛《ぜんはくぎゅう》、仲弓《ちゅうきゅう》。弁舌ということでは、宰我《さいが》、子貢《しこう》。政治で

読書会

は、冉有《ぜんゆう》、季路《きろ》。古典学の方面では、子游《しゆう》、子夏《しか》。と四部門十人の名をあげている箇所があるが、これが後に「孔門の四科十哲」といわれるようになったもとの文章であって、かれらは、それぞれの方面で傑出した人物として知られた人たちである。

この十人のほかに、孔門にはすぐれた人材が輩出し、たとえば曾子《そうし》、有《ゆう》子《し》、子張《しちょう》といったような人物がいるのに、これらの名前があげられていないところから、後世、この十人だけを特別にとりたてて扱うことに異論をはさむ学者がいないではないけれども、ここでは便宜上、孔子をとりまく弟子群のうち、この人たちにスポットをあててみることにしよう。

### 白髪の有徳者
—顔　淵—

顔淵が孔門第一の人物であったことは、孔子をはじめ、門人たちも認めている。顔が姓、子淵というのが字《あざな》(二十一ページ参照)で、名は回《かい》といった。孔子より三十歳年少であったという。二十九歳のときには、すでに頭髪はすべてまっ白であった。

顔淵は非常な秀才で、猛烈な勉強家であり、そのうえ、人格者でもあった。顔淵の頭のよさはだれもが認めるところで、これも秀才で名の知られた子貢が、「かれは一を聞いて十を知る男だ。」といっているし、孔子も、「わたしもあの男の頭のよさには及ばない。」と賞賛している。顔淵はまた、きわめて向学心に富んだ青年であった。ある人が「弟子のなかで、だれが一番学問好きか。」と質問すると、孔子はただ一人、顔淵の名をあげ、「それ以外に学問好きなものはいない。」と答えた。孔子は学問することのたいせつさをつねに口にしていたから、弟子たちはこぞって学問するように努力していたのだろう。顔淵だけがそうだったわけではないはずである。だが、孔子の目から見ると顔淵だけが、心にかなって、他の弟子はまだ至らなかったのである。

顔淵は、自己修養のために全力をつくして努力したので、怒《いか》りを人に移してやつあたりはしない、同じ過失を二度とくりかえさない状態にまで到達した。

孔子は顔淵を批評してこうもいっている。

回《かい》という男はりっぱな人物だ。わりご（竹製の弁当入れ）一杯の飯、ふくべ（ひょうたんを半分にわって作ったおわん）一杯の汁で飢えをしのぎ、むさくるしいスラム街に住んでいる。ふつうのものならば、とても貧乏生活の苦労にたえきれまいに、回は道を楽しむ心をかえようともしない。また、わたしの前では、いつも黙ったままでいて、まるで愚者同然に見えるけれども、引きさがって仲間と話し合っているのを聞くと、きちんと大事な道理はわきまえている。けっして愚かどころではない。

## 温和な正義漢
## —閔子騫—

閔子騫《びんしけん》は孔子より十五歳年少である。姓は閔、名は損《そん》、字を子騫という。ふだんはおだやかで、非常に無口ではあったが、正義を守ることに関しては毅然たるところがあり、物事に対して正しい批判力を持っていた。また、曾子が親孝行だったといわれているが、閔子騫もそれに劣らない。『荀子』という書物に〝曾騫《そうけん》〟と二人ならべて親孝行の代表にしている。孔子も、「閔子騫は親孝行だ。その証拠には、かれの父母も兄弟も、うちのあいつは孝行ものだとほめそやしても、よそのだれ一人、それに反対するものがいない。」と言っている。

季孫氏が閔子騫を費《ひ》の町長にしようとしたとき潔癖なかれは、無道なふるまいを続けている季孫氏のもとに仕えることがいやでことわった。そのとき、使いのものにこう言っている。

　どうぞ、わたしのためにていねいにおことわりねがいたい、わたしは全くお仕えする意志がありませんから。もし再び仕官をいってくるものがいたら、わたしはここを逃げだして、斉と魯の国境を流れている汶水《ぶんすい》のほとりにでも行ってしまいますから。

金や名誉のために魂を売りわたすことを憎んだ男といってよい。

また、魯で、従来からあった倉庫をこわして長府という大倉庫を建てることがあったが、かれは政府を非難してこう言った。「むかしのままでいいではないか、何で人を苦しめ、財をついやしてまで改築する必要があろうか。」孔子はこの意見に賛成した。「あの男はめったに発言しないけれども、たまに発言するその言葉は、必ず道理にかなっている。」

**癩《らい》を病む君子**
**―冉伯牛―**

冉伯牛《ぜんはくぎゅう》、名は耕《こう》といった。孔子よりも七歳若く、顔淵、閔子騫と同様に魯出身である。冉伯牛の具体的な行動、事跡については、つぎの話を除いては、全くない。

冉伯牛が悪質な病気になったとき(癩《らい》病であったという)、孔子はかれを見舞った。冉伯牛は先生がこられたと聞いて、ベッドを寝室の南側の窓ぎわに移させた。孔子も病気が病気であるから室にはいることは遠慮して、壁の南側から窓ごしにその手だけを握った。そのときの孔子のなげきの言葉、「おしまいだ、これも天命というものかねえ。こんなりっぱな人物が、こういう病気にかかろうとは。」

**寡黙な人格者**
**―仲　弓―**

仲弓というのは字《あざな》である。姓は冉、名を雍《よう》といった。前出の冉伯牛と同族である。孔子より二十九歳年少者。仲弓は下層階級の出身であったともいわれ、孔子はかれをはげまし続けている。そして、「雍は南面させてもよい人物だ。」と激賞もしている。南面とは、天子や諸侯が南向きに政治をとったということから出た言葉で、天子や諸侯にしてもよいほどの人格の持ち主だ、といったのであろう。

ある人が孔子にむかって、「雍は人格者だが、惜しいことに弁が立たない。」と言ったところ、孔子は、「弁舌というようなものが何の役に立とうか。口さきの機転でその場をごまかすなどというのは、人から憎まれるだけだ。かれが人格者か否かは別として弁舌なんて無用なものだ。」と言った。

しかし、仲弓にむかっては、やはり、人と交渉したりする場合、あまりつれなく応対して誤解をされないようにと思いやりながら、つぎのように人間への愛情について説いた。

家の門を出て外へ行ったならば、ちょうどたいせつな国賓にあうときのようにていねいに人に応対せよ。また役人として人民を指揮する場合には、敬虔《けいけん》にこまかい気づかいをせよ。以上のように丁重に思いやって行動すれば、国にあっても家にあっても、人からうらまれることはないであろう。

また、孔子は仲弓にこう言ったという。

皮膚の色のまだらな農耕用の牛の産んだ子であっても、りっぱな毛並みのうえにりっぱな角を持っているとするならば、牛としての最大の名誉とする祭りの供えものとなり得る資格があるものだ。

どんなに自分がいやしい家柄に生まれようとも、才能があるものは必ず世間がすてておかないという意味であろう。

さて、孔子のこの二つの言葉は、かれにとっては有益であったらしい。かれは忠実に師の教えを守った。かれがすぐれた人物であるのを季孫氏が見込んで、季孫氏の領有する土地の代官に抜擢《ばってき》した。このとき仲弓が政治の仕方を問うた。それの孔子の答え。

孔子「部下の役人を適材適所に配置することがまず第一。つぎに、大きな過失はともかく、小さな過失は見すごせ。すぐれた才能を持つ人物を抜擢せよ。」

仲弓「すぐれた才能のあるものを、どういうふうに知り、どういうふうに挙用しましょうか。」

孔子「お前の知っている範囲ですぐれた人物を抜擢するがよい。お前に、すぐれた人物を用いる心があることを人が知れば、お前の知らない範囲については、人がすてておくわけがなく、すぐれた人物をどんどん推薦してくれるさ。」

**能弁な男**
**—宰　我—**

姓は宰《さい》、名を予《よ》、字を子我《しが》という。宰我の年齢に関しては資料がない。孔門の十哲、もっと広く孔門のすべての弟子のなかで、最も損な役回りを演じているのがこの男である。孔子は「剛毅朴訥《ごうきぼくとつ》（意志が強く、しっかりしており、かざり気がなく口数の少ないこと）が仁の徳に近い。」とか、「巧言令色（うまい言葉でたくみにかざり、顔色をやわらげること）のなかには、真実の愛情は少ないものだ。」と述べたりしているから、宰我の弁舌のさわやかさが、『論語』の編集者にわるい心証を与えているのかも知れないが、この人物のすぐれた点についての記録が一つもない。単に弁舌に巧みであったというだけで十哲の一人にかぞえられるほどの名がえられるはずはないと思われるゆえに、これは非常に残念である。

あるときの宰我と孔子との問答。

宰我「三年の喪《も》（父母が死んだとき、子どもが三年間——九十九ページ参照——家にこもって身をつつしむ）はあまり長すぎはしないでしょうか。君子が三年も礼を行なわずにいれば、礼は必ず崩壊し、三年も楽をかなでずにいれば、楽も必ず崩壊しましょう。これは不合理ではありませんか。およそ、一年の月日がたてば、去年の穀物はすでになくなって、新しい穀物が実《みの》るというものですし、燧《すい》を鑽《き》る（木をすりあわせて火をおこす風習）にも、一年ごとに火種《ひだね》を改めるのがしきたりです。父母の喪も一年で十分ではないでしょうか。」

孔子「お前は、それで心が安まるのかね。」

宰我「安まります。」

孔子「安まるというのなら、それでよい。君子というものは、父母の喪に服しているときは、どんなご馳走を食べても、うまいと思えず、音楽を聞いても、おもしろくない。家にいても落ちつかない。だからこそ、そうしないのだ。だが、お前がそれで平気だったら、やるがいいよ。」

――宰我が出ていったあとで孔子は言う。

孔子「あれは不人情な男だな。子どもというものは、生まれて三年たって、はじめて父母のふところから離れる。それればかりではない。喪を三年にしたのは世間のふつうのきまりなのだ。あの男は、三年の期間を、父母に対してけちけちする気なのか。」

また、宰我が勉強をさぼった。そのうえ、昼寝をしていたという。孔子は叱って言う。「腐ってぼろぼろになってしまった木には彫刻をすることができない。ねばりけのなくなってしまった土かべの塀は、いくらこてで上ぬりをしてみたところでだめだ。要するに根性の腐ったやつには教える方法がない。」

「これまで私は、人というものは、自分で言ったことは実行するものと信じてきた。これからは、人の言うこととすることとを、比べてみるようにしよう。宰我をみてこういうふうに改める。」

子貢、孔子に政を問う

## 聡明な才子
### —子　貢—

子貢《しこう》、姓は端木《たんぼく》、名は賜《し》、子貢は字である。孔子より三十一歳若い。弁舌が巧みでさわやか、きわめて聡明な才子肌の人物であった。一般に弁舌の巧みな人は、ややともすると多弁に流れるおそれがありがちなものだが、かれもまたその傾向があった。

孔子は、「予言をすれば、不幸にも、すぐ的中してしまう。これがますます多弁にさせるのであろう。」と注意し、子貢にとっては、むしろ欠点ともなっている多弁を矯正《きょうせい》しようと心掛けたようである。子貢が君子の資格を問うたときも、「不言実行」を要求している。

子貢には、自分の聡明さを人にほこる弊もあったらしい。孔子が「お前は、顔回と比べて、どちらがすぐれていると思うか。」とたずねたとき、一応は、「いや、わたしは顔回にはとても及びません。かれは一を聞いて十を知る男です。」と謙遜しつつも、「わたしは一を聞いて二を知る程度ですけれども。」と自分を主張することを忘れなかった。

子貢は、「わたしは人からされたくないことは、こちらからも人にしたくない。」と言い、孔子に、「子貢よ、それはむずかしいことだから、お前にできることではないぞ。」とたしなめられた。

しかし、子貢は孔子のよき理解者であった。叔孫氏の武叔《ぶしゅく》という男が、同じ重臣たちとの雑談で、「人びとは孔子孔子というけれども、門人の子貢のほうが、先生よりも偉い。」と言った。その席にいあわせていた子服景伯《しふくけいはく》というものが、子貢に伝えると、

とんでもない話です。家の周囲をとりまく塀にたとえてみるなら、わたしの塀はやっと肩にとどく程度、通りすがりの人から塀越しに中のようすをのぞき見されます。ところが、先生の塀ときたら、何仞《なんじん》（一仞は七尺）もの高さ。塀の外からでは、とうてい中をのぞくことは不可能で、正門をくぐって中にはいって行かなくては先祖の霊をまつる霊廟の美しさや、大勢の役人が事務をとる建物の豊富さなどを目にすることはできません。ところで、その正門を見つけることのできるものは、あるいは少ないかも知れません。ご家老（叔孫武叔）がそのようにおっしゃられたのも、もっともなことでありましょう。

また、叔孫武叔が孔子の悪口を言ったのに対し、子貢はつぎのように孔子を弁護している。

先生は、そしることのできる人ではありません。ほかの賢者はいかにすぐれているといっても、たとえてみればちょっとした丘のようなもので、越えようと思えば越せます。先生は、太陽や月のようなもので、越そうにも越せるものではありません。人が自分から太陽や月にむかって絶交を申し込み、縁を切ったところで、どうして太陽や月を損じることができましょうか。かえって自分の身のほど知らずを人前にさらけ出すだけでありましょう。

孔子の没後、三年の喪《も》が終わったとき、弟子たちは、それぞれ故郷へ帰ったが、子貢は、ただひとり、さ

らに三年、喪に服したという。なお、そのとき、ほかの孔子の門人がみな子貢に挨拶した後に帰ったというから、あるいはこのとき、子貢が同門で最高の地位にいたのかも知れない。

また、子貢は貨殖の才があったという。『史記』によれば、子貢は買い占めが得意で、時機を見ては物資を回転し、利潤をあげたとしるし、孔子の諸国歴遊の費用のすべてを支出したともいう。

## 弱気な政治家　――冉　有――

冉有《ぜんゆう》、姓は冉、名は求、字は子有《しゆう》である。孔子より二十九歳年少者。

この人物は、非常に謙譲温和であったらしい。孔子は、門人の性格、環境などを考えて一人一人に適切な教育をほどこしたことはよく知られるところであるが、冉有についての批評もその代表的なものである。

子路「正しいことなら、聞くままにすぐ実行してよろしいでしょうか。」

孔子「どんな正しいことでも、それを実行するのに、父や兄が健在である以上、まず、その意見を聞いてから行動に移らなくてはいけない。」

冉有「正しいことなら、聞くままにすぐ実行してよろしいでしょうか。」

孔子「すぐ実行に移せ。」

――たまたま、その両方の席にいてこれを聞いた公西華《こうせいか》という弟子は、同一の質問に異なった答えかたを先生がされたのを不思議に思ったので、これをたずねた。そのときの孔子の答え。

孔子「冉求はひっこみ思案だから、すぐ行動に移れとすすめたのだ。ところが、子路はでしゃばりだから、おさえたのだ。」

また、

冉有「わたしは先生の道を心に喜ばないわけではありません。ただ、いかにせん、わたしの力がそれに及ばないものですから。」

孔子「力が足りないものは、途中までいって力が尽きてやめてしまう。ところが、お前は、はじめから自分はだめだと見かぎりをつけている。これは非常によろしくない。」

以上のことから考えると、冉有は温和というより弱気な性格のようであった。

また一方では、政治的な手腕があったらしい。事実、季孫氏にながく仕えていたことや、孔子の問いに答えて、「六、七十里四方、もしくは、五、六十里四方ぐらいの小国に仕えてこれを治め、三年たつうちに、人民に衣食の不自由をさせないようにしたいもの。」と謙遜のうちにも抱負を述べている点は注目される。孔門で最も政治家だとされている理由は、多能の上に、臨機応変の処置のとれる人物であったからと思われる。ただ、弱気な性格がわざわいし、横暴な季孫氏に仕えて、季孫氏のいうままに政治をとっていたところがあって、孔子には不評判であった。

その一、季孫氏の収入は魯の君主の収入とは比較にならないほど多かったが、冉有は、季孫氏のために、さらに人民に重税を課してかれらの富をふやすことに努力していた。それに関する孔子の言葉。「冉有のあのやり方はどうだ。われわれの仲間ではない。門人たちよ、鼓を鳴らして攻撃してかまわない。」

その二、季孫氏が泰山に行って、その山を祭った（古代から天子は天下の名山を祭り、諸侯は領地内の山を祭るのが礼であった。季孫氏は大夫の身分だから、山を祭る資格はないことになっているのに、それを承知で行なった不敬事件であった）。当時、冉有は、それを知っていながら、あやまりを正さなかった。孔子はこれに対して、「お前は家臣として仕えていながら、どうして季氏のあやまちを救い正すことができなかったのか。」と叱った。

**愛すべき豪傑**
**—子　路—**

季路《きろ》とは子路《しろ》のことである。子路、姓は仲《ちゅう》、名は由《ゆう》。子路とはその字である。孔子より九歳年少で、年齢の知られている弟子のなかでは最年長者である。『論語』には子路の名の出てくる章が四十もあり、これは弟子のなかで一番多い。

子路は無頼《ぶらい》の出身で、はじめ孔子に乱暴を働こうとしたが、後に、孔子の人間的魅力にひかれて入門した。これは、孔子の門にはいったほとんどの弟子が官僚になることを目指し、読書人となることを心掛けていたなかにあって、特色ある人物として注目される。

子路は、剛勇をもって知られ、また、孔子のボディ・ガードを自任し、つねに孔子の影のようにつき従った。そして、「先生が大軍を統率して行かれます場合には、だれを一緒につれていかれますか。」などとよけいなことを聞いて叱られている。

子路は軽率で粗野な男だといわれているけれども、これは思ったことを腹にしまっておくことができな

小さな丘の上で語る孔子と子路

い、純情で率直で一本気な性格だと考えたほうがよい。孔子も口ではつねに子路を叱ってはいるが、ほかの誰よりも子路を愛し、子路もまた孔子を敬愛していたことが知られる。

孔子が重体に陥ったとき、子路は神々にお祈りをしたいと願いでた。そのときの問答。

孔子「お前は神々に祈りたいというが、病気を直してもらおうと祈るなどという前例があるのか。」

子路「そうした前例はあります。昔の誄《るい》（ふつう、死者の生前の行為を述べる文章といわれるが、ここでは何の意味であるか定説がない）の言葉に、〝なんじのことを天地の神々に祈る〟と見えていますから。」

孔子「そういう意味の祈りなら、私はいつも祈っているよ。私はいつも、神々からとがめられることがないように行動してきたつもりだから。何も病気が重くなったからといって、急に神だのみをする必要はないよ。」

子路は、自分の心に合わないものを、無理に合わせて調子よくやるということを極力きらった。孔子が衛に行ったとき、衛の霊公の夫人で、きわめて好色だという南子に面会するのをおもしろくなく感じて、はっきりとそれを顔色に出したり、孔子が公山不狃《こうざんふちゅう》や仏肸《ひっきつ》の招きに応じようとしたとき、憤慨してこれをとがめたのがその例である。

子路が政治的手腕を高く評価されているのは、以上の例から見れば不思議な気がしないでもないが、孔子は子路をこう言っている。「由《ゆう》(子路のこと)は大諸侯の国で、軍用の収入をきりもりさせることができる。」また、「ただ一言《ひとこと》を聞いただけで訴訟を判決できるのは、まあ、由だけだろう。」

子路がこう評判になった理由は、かれが、いったん引きうけたことは、必ず誠実に実行し、その処置がてきぱきとしていたからであった。正直で信義に厚い東洋的な豪傑で、いかなる席でもけっしてものおじしない人物だったので、人も信頼してかれに従ったのでよく治まったのであろう。孔子は子路をほめてこういっている。「自分では破れた綿入れの上衣を着ながら、狐《きつね》や貉《むじな》の毛皮を着た貴族と一緒に並んでいても、少しも恥ずかしがらないのは、まあ、由だろうね。」

なお、子路の死のありさまは、子路の面目きわめて躍如としているが、これはすでに記した。(七十二ページ参照)

## 品行方正な大人
### —子　游—

子游《しゆう》。姓は言《げん》、名は偃《えん》、子游というのは字である。孔子より四十五歳年少というから、孔子の弟子としては若いほうに属する。

非常に品行方正、公明正大であったことは、子游が武城《ぶじょう》という町の町長をしていたとき、孔子とかわした会話によって推察されている。

孔子「お前、部下にりっぱな人物を得たか。」

子游「澹台滅明《たんだいめつめい》というものがいます。この男は、道を歩く場合に近道を通らず、いつも公《おおやけ》の道を歩きます。（周の時代、役人は周道という公の道を歩くことにきめられていたが、とかく時間がかかりすぎて多くの人は近道を歩いたという。比喩的な意味がこれに含まれていることはもちろんである）公務でないかぎり、わたしのところにはやってきません。」

このような人物を得て、りっぱな人物を得たと喜んでいるのは、かれ自身もそうであろうと考えられるというのが、その根拠である。

その武城の町を孔子がたずねたことがあった。たまたま土地のものが琴を弾き、詩をうたっていた。孔子はにこっと笑ってこう言った。「鶏を料理するのに、牛料理用の刀を用いるまでもあるまいに。」これには、小さな町を治めるのに、国家を治めるための方法だとされた礼楽を用いるのは、おおげさすぎはしないかの意があった。そのときの子游の答え。「むかし、先生からお聞きしました。〝君子（為政者）が礼楽を学べば、人をいつくしむようになり、小人《しょうじん》（被治者、庶民）が礼楽を学べば、使いやすくなる〟ということです。――どんな人物でも礼楽を学ぶべきではありませんか。」孔子はそばにいた弟子たちにむかって言った。「おまえたちよ、偃《えん》（子游の名）の言ったことは正しい。さっきの私の言葉は冗談だよ。」

孔門の十哲の一人にかぞえられた人物でありながら、子游の具体的な生活行動については武城の町長になったこと以外は判っていない。子夏とともに文学を称されながら、それに関しても何も知られていないのも残念である。ただ、かれには相当多くの弟子がいたらしく、孔子の没後、一派をなしていたことが知られている。

**謹厳居士**
**——子　夏——**

子夏《しか》。姓は卜《ぼく》、名は商《しょう》、子夏はその字。孔子より四十四歳若いというから、子游とほぼ同年輩で、孔子の死んだとき三十歳ということになる。

子夏はたいへん謹厳な人で、それだけにまちがいも少なかったらしい。ただ、それが孔子の目から見れば及ばないと批評されるわけである。弟子の子貢が、子張と子夏とを比較して、どちらが賢いかとたずねたことがある。

子貢「師《し》（子張の名）と商（子夏の名）とではどちらがすぐれていますか。」

孔子「師はゆきすぎている。商はゆきたりない。」

子貢「それでは師のほうがまさっているのですか。」

孔子「ゆきすぎるのは、ゆきたりないのと同じようなものだ。」

子夏はこまかい点に気を遣いすぎたきらいがあった。そこで孔子はつぎのようにたしなめている。莒父《きょほ》という町の町長となって政治のことについてたずねたときのことである。

早く成果をあげたいとあせるなよ。目先の小さな利益だけに目をうばわれるなよ。早く成果をあげたいとあせると成功しないし、目先の小さな利益に目をうばわれると大事はやりとげられないぞ。

子夏は文学をもって称されたが、文学というものの当時の意味するものは、六経《りくけい》の学問（詩、書、易、礼、春秋の五経《ごきょう》に楽を加えたもので、古典学といえる）のことで、古典学を好んだ人物だということになる。子夏は、「日に日に自分のわからないものを知り、月月に覚えたところを忘れないように努力することによって、はじめて学問好きということができる。」と言っているが、この向学の心と、こまかい点にまでよく気がつく神経とが、六経の研究に精進させるに至ったものであろう。ただ鋭さと神経質さがわざわいして、いわゆる学究的に字句の解釈の仕方や読み方に気を使うことが主になって、根本的な精神の理解や、その原理を応用しての人間の生き方の問題を考える、というようなことが、おろそかになりがちであったのかも知れない。

孔子はこうした子夏に忠告を発している。「お前は君子《くんし》としての学者にならねばならない。決して小人《しょうじん》の学者になってはいけない。」と。

# 孔子の思想を伝える書物

ひとくちに孔子の思想を伝える書物といっても、それらのほとんどすべてが重要な、多くの問題をもっており、完全に適格性のある資料としては『論語』だけ、といっても言いすぎではない。――『論語』さえも、細部を検討すると、純粋に孔子の思想だということは、ためらわれる部分もある。それでここでは、孔子ないしは孔子のグループに属する人たちの思想が書かれている、と伝えられる書物について、そのいくつかを挙げ、概観してみるにとどめる。

## 芸文志の言葉

『漢書《かんじょ》』という書物の中に、「芸文志《げいもんし》」という項目がある。これを「漢書芸文志」と一般にいう。このなかに、孔子の言行を編集したものとして、『論語』、『孔子家語《こうしけご》』、『孔子三朝記《こうしさんちょうき》』（大戴礼《だたいれい》に含まれていたもので現存しない）、『孝経』、といった書名が列挙されている。このほか『孟子』には、多く孔子の言葉が引かれ、また、孔子の作った唯一のものだと伝えられる『春秋』などが、特に孔子の思想を伝える書物といってもよい、とされている。いまこれらのいくつかを、紙数の許される範囲で解説してみよう。

**論語** 〔ろんご〕二十篇。孔子が孔子の門人や、当時孔子と交渉のあった人びとと問答したもの。門人たちの言葉、門人同士の問答などを、しるしたものであることは、すでに述べてきたとおりであるし、内容もほぼ明らかになっているので、ここでは少しくわしくふれてみよう。

『論語』には、三系統の異本が伝わっていて、一般に「古論《ころん》」「斉論《せいろん》」「魯論《ろろん》」と呼ばれている。古論。二十一篇。漢の景帝（紀元前一五七年から一四一年在位）のとき、魯の共王が、孔子の家が古くなったのでとりこわしたとき、壁の中にぬりこめてあった数十篇の巻き物がでてきた。これをのちに孔壁古文といい、この中の一つに『論語』がはいっていた、と伝えられる。いまこの系統の『論語』を「古論」といっている。漢書芸文志はその事情をつぎのようにしるしている。

武帝の末年、武帝の弟にあたる魯の共王が、孔子の家をこわして広く作り直そうとしたところ、『書経』、『礼記《らいき》』、『論語』、『孝経』のおよそ数十篇を、みつけることができた。みな古字で書かれている。共王がでかけていって、その家にはいろうとすると、不思議なことに、家の中からオーケストラが演奏されるのが聞こえてきたので、おそれてこわすのを中止した。

この孔壁をこわしたのが、武帝の時代ではなく、景帝の時代だという説があって、後者のほうが有力である。孔子の家の壁にだれがぬりこめたか、ということは不明であるが、秦の始皇帝の時代、焚書坑儒《ふんしょこうじゅ》という反文化政策が強行されたときに、これらの書物が没収され焼かれるのを恐れただれかが、この作業を行なったもの、とされている。

文字は蝌蚪《かと》文字といわれる古代文字で書かれている。蝌蚪というのはオタマジャクシのことで、古代は漆《うるし》を使って文字を書いたので、頭の部分がまるく、尾の部分がほそくなって形がオタマジャクシにそっくりだというので、これらの古代文字をそう呼ぶことになったのである。

斉論。二十二篇、斉の国に伝わった『論語』なのでこういう。今、伝わっているものに比べて二篇多く、内容的にもだいぶかわっている。

魯論。二十篇、魯の国に伝わった『論語』なのでこういう。現在われわれが読んでいる『論語』がこの魯論に最も近いとされている。

現在われわれの読んでいる『論語』は孔子の死後、数百年にわたり多くの学者の手を経てできあがったもので、完全な成立は漢代にはいってからとされる。

『論語』は多くの人に読まれ、時代、時代にさまざまな解釈、解説がつけられており、いちいちそれらをあげることは、専門の領域にはいるので、ここではふれないが、大きく分けて古注と新注とがあることを注意しておこう。古注はだいたい漢から唐ごろまでに発表された多くの学者の説を総称し、新注は宋代の学者の説をさすものと考えてよい。

古注。魏《ぎ》の何晏《かあん》によって集められた『論語集解《ろんごしっかい》』というのが代表的なもので、これは、前漢の孔安国《こうあんこく》、後漢の馬融《ばゆう》、包咸《ほうかん》、周《しゅう》氏（名が伝わっていない）、鄭玄《じょうげん》、魏の陳群《ちんぐん》、王粛《おうしゅく》、周生烈《しゅうせいれつ》という八人の学者の説を集め、それに自分の説を加えた注解書である。日本では、奈良時代に輸入されてから、鎌倉の末期まで『論語』を読むすべての学者で、これを参考にしないものはいなかった、といわれるほどのものである。この集解を再注釈したものに、梁の皇侃《おうがん》の「論語《ろんご》義疏《ぎそ》」があり、義疏に統一がなく冗漫な点があるのを削って修正し、さらに自分の意見をつけ加えたものが宋の邢昺《けいへい》の『論語《ろんご》正義《せいぎ》』である。なお清《しん》の劉宝楠《りゅうほうなん》にも『論語正義』という同名のすぐれた注釈書があるが、これは古注と新注の欠点を正して、手ぎわよくまとめた著作として知られる。

新注。南宋、朱子学の創始者朱熹《しゅき》が、主として『論語』に関する宋の時代の学説を集めてしるしたものに『論語《ろんご》集注《しっちゅう》』があり、これが代表となっている。

日本に『論語』が伝えられたのは、応神天皇十六年、百済《くだら》の博士、王仁《わに》という学者が、『千字文』という習字の手本とされているものとともに持参したのが最初であるとされている。平安時代から学者必読の書とされ、貴族、僧侶をはじめ官僚を志願するものなどがこれを学んでいる。この時代に読まれたのは古注であるが、鎌倉時代にはいると、元の学僧一寧《いちねい》が日本に帰化したとき、朱熹の『論語集注』を伝えてより、新注が鎌倉五山の学問僧に広く読まれた。以後、公卿は古注、僧侶は新注と、二本立ての勉強が行なわれたが、江戸時代にはいると、徳川幕府は朱子学を正統の学問として定め、新注が大いに勢力を占めた、という歴史がある。

## 孔子家語

〔こうしけご〕十巻。孔子の言行および門人の問答、その他、孔子や孔子の弟子に関する事柄をしるした書物である。『漢書芸文志』には「孔子家語二十七篇」としるしてあるが、この著者は不明で、現在、書物は伝わっていない。魏の時代になって王粛《おうしゅく》が孔安国《こうあんこく》（漢代の儒学者で孔子十二代の孫）の名を使って偽作したという『孔子家語』が残っているが、これは『芸文志』に記載されている『孔子家語』とは別のものである。孔安国の序と称するものには、こうしるしてある。

『孔子家語』というのは、当時の貴族から知識人、および七十二弟子たちがたずねあい問答しあったものであって、もろもろの弟子のそれぞれの質問を書きとめたものである。『論語』や『孝経』とならべられる。当時の弟子が妥当性のあるものを特別にとりだして『論語』とし、その他のものをすべて集録して、これに名づけて『孔子家語』といった。

王粛の編集した『孔子家語』を見ると、左伝《さでん》、国語《こくご》、孟子《もうし》、荀子《じゅんし》、呂氏春秋《りょししゅんじゅう》、韓詩外伝《かんしがいでん》、礼記《らいき》、説苑《ぜいえん》、韓《かん》非《び》子《し》などという戦国時代から漢代にかけて成立した諸本に見られる孔子に関する記事を集め、これを類別したものである。

この書物には信じがたい事項も多く、また粗雑な点もないわけではないが、ずいぶん古くから親しまれて読まれ、なかには捨てがたい記事も、しるされているから、いちがいに偽書でとるに足りないと、否定してしまうのは惜しい読み物である。

**孝経**〔こうきょう〕一巻。『史記』によれば、「孔子は曾子がよく孝道に通じたものとして、これに教えをさずけて孝経を作らせた。」とあり、作者は曾子であるといっているが、今では一般に、曾子の門人が「孔子と曾子との孝に関する問答」を集録したもの、と考えられている。

この『孝経』にも、「古文孝経《こぶんこうきょう》」と「今文孝経《きんぶんこうきょう》」という二つの系統のものがある。『古文孝経』は、前述の孔壁古文の一つで、『論語』や『書経』などとともに、世に現われた、と伝えられている。全部で二十二章に分けられる。わが国の鎌倉時代の代表的日記文学である阿仏尼の著わした『十六夜日記《いざよいにっき》』の冒頭に、「むかし壁の中よりもとめいでたりけんふみの名をば、今の世の人の子は、夢ばかりも身の上のこととは、知らざりけりな。」とある。「壁の中から出てきた書物」とは、この『孝経』をさしている。『今文孝経』は、秦の始皇帝が焚書を行なった際、河間《かかん》の顔芝《がんし》という人が、深くかくしておいたのを、漢の文帝《ぶんてい》のときに、その子顔貞《がんてい》が世に公表した、と伝えられ、十八章になっている。

『孝経』の思想の特色の一つに、「父子の道というのは天性だ。」といっていることをあげてよかろう。「子どもが親孝行をするのは、人の心情の自然である。」ということを明瞭にうちだしたものである。

『孝経』では、つぎの孔子の言葉が最も有名な箇所で、多くの人に知られている。

人間のからだは髪の毛から皮膚に至るまで父母からうけたのである。だから、それをそこない傷つけることのないように心がけるのが孝のはじめである。高い地位について、孝道をふみ行なって天下に名前をのこし、父母の栄光をあらわすということは、孝の終わりである。

『論語』によると、曾子は親孝行で、たえずからだに注意していたので、死に至るそのときまで、からだに全く故障がなかった。臨終のとき、門人たちに曾子自身の手足をふとんから出させ、手足にきずあとの一つもないのを見せて、門人へのいましめにした、という話がしるされているのと、思いあわせられる。

**孟　子**　〔もうし〕　七篇。戦国時代の中ごろ、孟子が故郷に隠退したのち、弟子の万章《ばんしょう》や公孫丑《こうそんちゅう》などといっしょに、諸侯や門人やその他の人たちと、問答したり討論したりしたものを、自分が中心になって編集したものである。

孟子は名を軻《か》といい、魯の公族孟孫氏の出で、孔子の郷里に近い鄒《すう》というところに生まれた。孔子の死後百年ほどである。母は「孟母三遷の教え」――子どもがわるい環境にそまることをおそれて、墓地のそばから市場の近く、さらに学校のそばへと三度住居を移したという話や、「孟母断機の教え」――孟子が子どものとき勉強を途中でやめそうになったとき、それを戒めるために自分で織りかけていた機《はた》の糸を断《た》ち切って見せたという話をもつ賢婦人であった。

孔子の孫である子思《しし》の門人について、ひたすら孔子、子思の思想を学んだ。孟子の一生は、理想と仰ぐ孔子の生涯と、ほぼ近い道をあゆんだ、といってもよいほどである。

孟子は当時の社会悪に対して、まっこうからとりくんで、これを破り、堯舜など古代の聖王の道――仁義の道――を復興して、人民に幸福をもたらす平和にして健全な社会を与えようと考えていた。そのため孟子は、当時流行の異端邪説を排除して、理想とする孔子の教え――儒の立場――を確立することに一生を捧げようとした。たとえば、墨子《ぼくし》――墨子の主張する無差別平等の博愛思想（人間をすべて無差別に平等とみて、自分の親でも他人の親でも同一の比重で孝行する、自分の子どもも他人の子どもも、平等に愛するという考え方）は、人間の自然な愛情からはずれていると非難し、楊朱《ようしゅ》の一派――かれらは「わがためにする」という利己主義的思想（混乱した社会では、人のことなどかまっていれば、それによって自分が落伍者になってしまうかも知れないから、自分の生命、自分の利益だけを中心にものを考える。墨子の考えとは全く対照的な、考え方）を主張するが、それは仁愛を無視したものであると非難する。

孟子が自分で『孟子』を著わすに至る動機も、孔子の思想をこの世に残さなくてはならないと考えたからといってもよいほどで、『孟子』の最終の章でこういっている。

古代の聖天子、堯《ぎょう》、舜《しゅん》のときから殷王朝の創始者湯王《とうおう》まで五百年ほどたっているが、堯の賢臣、禹《う》、皐陶《こうよう》などは直接に聖人堯舜の道を見てこれを知り、湯王は伝え聞いて堯舜の道を知ったのである。湯王から周王朝の実質的建設者文王《ぶんのう》まで五百年ほどたっているが、湯王の功臣伊尹《いいん》、莱朱《らいしゅ》などは直接に聖人湯王の道を見てこれを知り、文王は伝え聞いて湯王の道を知ったのである。文王から孔子に至るまで五百年たっているが、文王の賢臣太公望《たいこうぼう》、散宜生《さんぎせい》などは直接に聖人文王の道を見てこれを知り、孔子は伝え聞いて文王の道を知ったのである。孔子から今に至るまでは百余年、聖人孔子が世を去ってからまだそんなに日がたっていないし、私の住んでいる鄒《すう》もこんなに近い。それなのに聖人孔子の道を見知っているものがいないとするならば、五百年のうちには伝え聞いて孔子の道を知るものはもういないであろう。今のうちに私が孔子の道を伝えておかなければ、どうして後世に孔子の道が伝えられようか。どうしても私が孔子の道を伝えておかなければならない。

孟子は五百年ごとに聖人が現われ、その間必ず世に名のあるものが現われるという、いわゆる「聖王出現五百年説」をとっているが、その間の補助者をもって自ら任じ、孔子の思想を後世に伝えるために、『孟子』を著わしたのであった。それゆえ、一つの特殊な読み方をすれば、『孟子』の全編が孔子の思想を伝えようと努力した書物と見てよいかも知れない。

**春秋**〔しゅんじゅう〕 魯の国の歴史をしるしたものである。魯の隠公《いんこう》から哀公《あいこう》まで十二代二四二年間の魯国およびそれに関係のある諸国に起こった天災地変や戦争のことや、国君、貴族などの生死に関することなどについてしるしたもの。編年体の歴史書の祖といってよい。春秋というのは、一年の四季、春夏秋冬のうちの二字をとったもので、一年中の記録という意味を表わすものである。

この作者が孔子だという考えが、古来伝わっているが、孔子は「(古人の残した教えは)述べひろげることはするが創作はしない。」と『論語』にもいっているように、自分で直接に歴史を書きしるすということはなかったので、そういう意味では、孔子の作という考えは成立しない。ただ、孔子が倫理的な大義名分を正すという気持ちから、この『春秋』に筆を加えたり削ったりし、善人は善人として賛辞をあたえ、悪人は悪人として、いわゆる筆誅《ひっちゅう》(悪事を書きたてて責任を追及すること)を加えたということならば、可能である。そういう意味で、つぎの『孟子』の文を読めば、孔子の思想を伝える書物のなかに、『春秋』を加えてもよいことになる。

周もだんだん末になると、世の中もおとろえてきて、道もあまり行なわれなくなり、よこしまな学説（孟子から判断してのことで、老子、荘子、墨子、楊子などの思想をさしている）や乱暴な行ないが、またまた起こるようになった。すなわち家臣でありながら君主をたおし、子どもでありながら父親を殺すというようなものさえ出てくるようになった。孔子はこのような世のありさまをおそれて、『春秋』という書物をつくられた。『春秋』という書物は乱臣賊子《らんしんぞくし》のような悪人には筆誅《ひっちゅう》を加え、善行をつんだ人には賛辞を与え、人間の守るべき大きな道義と分限——大義名分を明らかにしている。このように、天下の諸侯や貴族や知識人をほめたりけなしたりすることは、もともと天子のなすべき仕事であって、孔子はただ筆のうえで行なっただけである。それゆえ孔子は「世人がほんとうに私の真意を知ってくれるものがあるとすれば、それはただこの『春秋』によってであろうか。また、天子でもないのに、かってに人をほめたりけなしたりしたといって、私を非難し、罪《つみ》するものがあるならば、これまたこの『春秋』によってであろう。」といっている。

## 礼記

〔らいき〕　四十九篇。礼記というのは、礼のことについて記したもの、という意味で、もとは一種の普通名詞であったらしい。礼は世の中の秩序を維持するに必要なもの——エチケットといったようなもの——で、古来から慣習として、人びとに伝えられ、行なわれてきたが、やがて固定化し、文章化されるようになった。それゆえ、礼には、はっきりと文章化されたものもあるが、されないものもあった。文章化されたおもなものは、政治上の法則、制度に関するものや、いわゆる儀式——結婚式とか葬式とか――の仕方を、記したものなどであり、文章化されないものは、日常生活の対人関係で、秩序を保つための礼儀作法といったようなものがそれである。

孔子の生活した、春秋末期は、階級制度に破たんが生じ、たとえばすでに述べたように、魯の国の家老の季孫氏が祖先の霊廟の前で、天子が行なうはずの八佾《いつ》の舞を行なったとか、門人の宰我が、三年の喪《も》は長すぎるから一年でいいのではないか、と言い出すような例が起こり、孔子はそのために、すべての人がきちんと定められた礼を守る、秩序のある社会を、復興しようと努力したのであり、このことは十分知っておかなければならない。

孔子の時代に完全な『礼記』が存在したかどうかは、疑わしいとされる。理由は、『論語』に礼を教え、礼を学ぶことをすすめた話はいくつか出ているが、「礼」の言葉というものの引用されたものは見当たらない、ということによる。

現在、われわれの読む『礼記《らいき》』を『小戴礼記《しょうたいらいき》』ということがある。漢代の礼法学者に戴徳《たいとく》・戴聖《たいせい》という学者（おじとおいの関係にある）がいて、戴徳が礼に関する古書のうち八十五篇を編集したが、戴聖もさらに四十九篇を編集したといわれ、この二つを区別して、前者を『大戴礼記《だたいらいき》』『大戴礼《だたいれい》』、後者を『小戴礼記《しょうたいらいき》』『小戴礼《しょうたいれい》』と呼ぶのである。そしてふつう『礼記』とだけいえば、『小戴礼記』のほうをさすことになっている。このうち宋の朱熹《しゅき》は、特別に二篇だけ取り出したがこれがいわゆる「四書」のうちの『大学《だいがく》』と『中庸《ちゅうよう》』で、『論語』『孟子』とならべて通称されるのである。

この書物の成立は、漢代にはいってからであり、孔子の思想を伝えるものというよりは、孔子およびそのグループ――儒家――の思想を伝える書物、といったほうが妥当であるかも知れない。

いま、このうち最も有名な話の一つを紹介しよう。

孔子が泰山の付近を通ったとき、ある墓で大声をあげて泣き悲しんでいる婦人がいて、そのようすがとても悲しげであった。孔子は、(このとき車にのっていたが)車の上で敬礼し、その声をじっと聞き、子路にそのわけを尋ねさせた。

孔子「あなたが大声をあげて泣き悲しんでいるのは、いかにもたびたび肉親の不幸にあったようですが。」

婦人「おっしゃるとおりです。以前、私のしゅうとが虎に殺され、私の夫も虎に殺され、いま、私の子どもまでもが、また虎に殺されてしまいました。」

孔子「そんな危険な土地から、あなたはどうして立ち去らないのですか。」

婦人「ここでは、税金を苛酷《かこく》なほどにとられることがないからです。」

――弟子たちに――

孔子「おまえたちよ、この話をよく覚えておくがよい。むごたらしい政治による苦しみは、虎の害よりもはなはだしいものであることを。」

なお『礼記』のなかの檀弓《だんぐう》・礼運《れいうん》・坊記《ぼうき》・表記《ひょうき》などの篇《へん》には、孔子以下、孔門弟子たちの言行や思想が残っているようであり、参考になる。

# Ⅲ　近代以降の試練に耐える孔子の思想

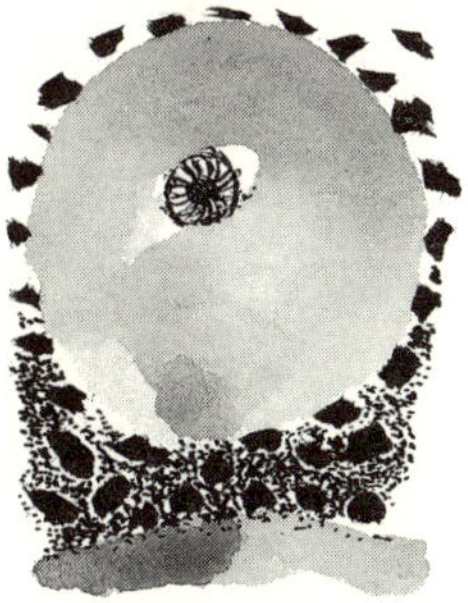

# 中国と西洋との接触

**ザビエルなどの宣教活動**　中国人は、その西方につらなる諸国を西域《さいいき》と呼んだが、その地方が中国人の手にはいってくるのは、漢（前二〇二年～後八年の前漢、後二五年～二二一年の後漢《ごかん》）王朝のころのことである。このルートに当たるいまのシンチャン－ウイグル自治区（東トルキスタン）は、東アジアと西アジアとを連絡する通路に当たっていた。遠征軍を送ってこの地方を漢が服従させた結果、中国とパミール高原以西の諸国との交通がはじめて開けるようになった。このころになると、まず絹織物が盛んに西方に輸出されるようになってきた。多くの隊商《キャラバン》は、積雪におおわれたパミールの麓《ふもと》や、すさまじい熱風の吹きすさぶ流沙《りゅうさ》（タクラ－マカン）のほとりを通って精巧な品々を運んでいた。これが有名な絹の道《シルク・ロード》である。

しかし中国の実情をはじめてヨーロッパに紹介したのは、十三世紀の末、モンゴルに渡って十七年間、元《げん》の王朝に仕えていたベニスの商人マルコ＝ポーロであって、その著『世界の記述』（東方見聞録）の果たした役割は大であった。

その後、一四九八年にポルトガル人のバスコ＝ダ＝ガマがインド航路を発見して以来、ポルトガル政府は軍艦を派遣、一五一〇年、インドの西岸ゴアに総督府をおいた。ポルトガル王はローマ教皇ポール三世にア

現在のシルク・ロード

ジアでの布教師派遣を出願して許され、ゴアに司教管区が設置された。十六世紀にはいると、ポルトガル商人はゴアから、中国の寧波《ニンポー》、厦門《アモイ》、澳門《マカオ》に進出、澳門において中国貿易を独占することとなった。そのころ明《みん》の王朝と親善関係が結ばれ、ようやく、ヨーロッパのイエズス会（耶蘇《やそ》会）の宣教師は、ポルトガル船に乗って澳門に到着して、中国全土の伝道事業に着手することとなった。あのはじめて日本の鹿児島に渡来したスペイン人、フランシスコ＝ザビエルは、日本人が中国人の崇拝者であり、その文化の模倣者であることを知って、まず、中国人をキリスト教に改宗させることができるならば、必ずや日本でも布教の実をあげることができると考えて、中国での布教に従事しようと決心したといわれている。ついで、中国最初の宣教師イタリア人のマテオ＝リッチ（利瑪竇《りまとう》）が一六〇一年北京《ペキン》にはいり、神宗皇帝に会い、その後、ドイツ人宣教師アダム＝シャール（湯若望《とうじゃくぼう》）、ベルギー人宣教師フェルビースト（南懐仁《なんかいじん》）その他が、中国に渡来して、福音《ふくいん》を伝道したのである。

## 文化の中心は中国

もともと中国人は、中国こそこの世界の中心であり、春秋・戦国の時代ころから、自分の礼教中心の文化を最高にすぐれたものとして、周囲の異質的な文化や習俗を劣等視する中華思想を信じ、天下はすべて中国の天子（皇帝）の徳に化せられて臣下となるべきものと考え、ときには、外国人を排斥してきたのである。それなのにイエズス会宣教師が、外国人の身でありながら中国の首都にはいり、天子に会ったということ、また、高官連中に異教を宣伝することとなったことは、まことに異例のことであった。それは宣教師が、かれらの持っていた科学的な教養や知識、ほかの言葉でいえば科学文化が中国人の心を引きつけていたからであった。かつてマテオ＝リッチが、明の神宗皇帝に会って、キリスト図像、マドンナ像、十字架、時計、ハープ、地図などを献上したとき、皇帝は時計には異常な興味と関心を持ち、きわめて珍重したという。

しかし、天文学と暦学は、中国が世界に誇っていた中国もともとの学問であって、代々の中国の王朝も最も重視していた学問であった。ヨーロッパでは、望遠鏡の装置を発明して以来、天体の構造が目の前に展開されて、天文学は科学的に非常に成長したことは有名であり、天文学の発達は、自然のこととして、数学の進歩を伴い、これは暦法の革新をも促進し、ついには教皇グレゴリー十三世の太陽暦（新暦）の編集の事業となった。中世いらい学問が僧侶の手に握られていたことと、特には、イエズス会宣教師が最もすぐれた学問僧でもあったこととの影響が大きい。したがって、伝統的な中国文化と、ヨーロッパ文化とはイエズス会の学問僧を仲介として、これらの学問上からまず接触、握手し、「天文学と数学とは中国の宮廷に参内《さんだい》して、玉座《ぎょくざ》（皇帝の椅子）のそばにすわり、キリスト教は、天文学の着物を身にまとって接近することができた。」ともいわれるのである。事実、イエズス会宣教師は天文器械を献上し、しばしば日蝕《にっしょく》の日時を的確に予言して、ヨーロッパ天文学の優越を証拠をもって示していたのである。キリスト教は、こうした力によって布教の実を顕著にあげていくことができた。

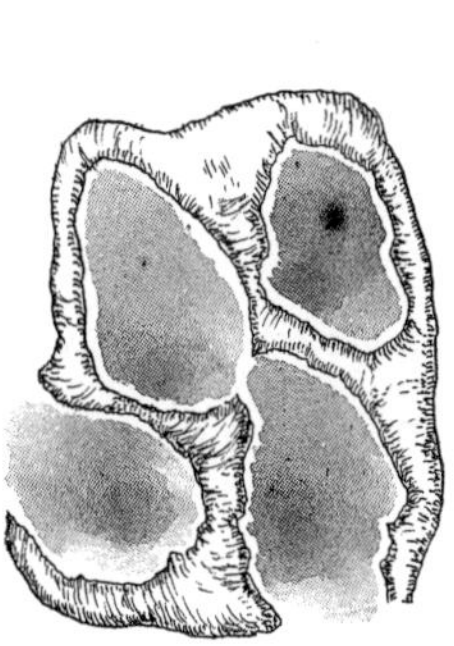

## 典礼《てんれい》問題おこる

### 西洋文明と布教

イエズス会の宣教師の中国における伝道活動が成功していたということは、中国人が西洋文化の実用的価値を認めて、宣教師を通じて、それを利用する必要からキリスト教を認容していたのであって、キリスト教が中国人に理解されていたからというわけではなかった。いっぽう、宣教師は、伝道に当たって中国の思想や風俗をも尊重し、中国人の祖先、孔子の崇拝を攻撃するようなこともなく、天を祭る儀礼を認めてキリスト教の神を、儒学でいうところの上帝（天帝。天の主宰者）と異ならないと解釈して、それを天主とも呼んでいた。ところが、キリスト教の他の教派がどんどん渡来するようになると、イエズス会に対する反目からこの伝道方法に反対が起こって典礼問題がおきた。したがって典礼問題とは、カトリック教の布教に関して、中国人の信者が、孔子および祖先崇拝のもろもろの儀式に参加することが良いのか、悪いのかを中心に起こった論争ということになる。また、典礼問題は、東西の教えの戦いであり、思想戦となった観がある。これに対して教皇は、イエズス会の伝道方針を禁止し、一七七三年には同会が解散された。布教を許してキリスト教に寛大な態度をとっていた清《しん》朝の康熙《こうき》帝（一六六一〜一七二二）はこれを喜ばず、イエズス会の方針に従わない宣教師の伝道を禁止し、雍正《ようせい》帝（一七二二〜三五）、乾隆《けんりゅう》帝（一七三五〜九五）も宮廷奉仕の宣教師を優遇し、その学芸、技芸を用いたが、布教を厳しく取り締まった。こうして宣教師の中国における伝道事業は大打撃を受けたが、いっぽう、宣教師が布教のかたわら中国の文物その他を熱心に研究して、ヨーロッパに紹介し、特に典礼問題がやかましくなったことによって、中国の事情が西洋人の注意をいっそう引いたことから、かれらの間に中国研究が起こり、それは有名なシナ学《シノロジー》となったばかりか、そのころの西洋文化にも多くの影響を与えることとなっていったのは、まことに皮肉なことである。

すなわち、中国在住の宣教師は、布教の情況報告のかたわら、中国の国情や民俗、文物制度をポルトガル語、あるいはラテン語で、それぞれの祖国の皇帝、教会の長老たちに紹介していた。これらのもろもろの報告は、リスボン、ローマもしくはパリで発刊されて、大いに当時の知識階級《インテリゲンチャ》の注目を促がしていたのである。ここでは、主としてフランスではどうであったかに焦点をしぼってながめてみよう。

# フランス近代思想はどう受け入れたか

## フランス知識階級の考え方

**孔子教とキリスト教**　『支那《しな》文化と支那学の起源』（後藤末雄著）という本によると、『論語』のラテン語訳は、イタリア人のイエズス会士イントルチェッタを中心とした十六名の人々の力で、郷党第十まで訳出されている。かれが孔子の哲学書関係を翻訳する動機として、「はじめのころの宣教師は、まず『大学』、『中庸』、『論語』を研究した。私がゴアで訳出を思い立った動機は、中国人の間における福音伝道上からのことである。」と言っている。これらの研究を利用して、たとえばキリスト教と孔子教との間に共通思想があるから、これを利用すれば、神の言葉が、より容易に中国人の胸裡に浸透するからであるといっている。たとえば、『論語』の中の「己れの欲せざる所は人に施《ほどこ》すこと勿《なか》れ」は「自分の望まないことは、人にしむけないようにしろ」ということであるが、イントルチェッタ師は、この聖人のうちに使徒的な資質を認めている。すなわち「もし孔子が近ごろまで生きていて、キリスト教の純真なことを知っていたとすれば、かれ孔子こそキリスト教に改宗した最初の中国人であろう。」と述べている。孔子教とキリスト教とは東西の両半球に分かれて信奉されていたのであるが、二つの教理が接近していることから、そのころ「孔子はキリストよりも五百年前に生まれている。孔子は古人からその道をうけている。したがって、孔子教の起源をノア（その子は東洋に移住した）のみならず、洪水前の族長に帰すことができる。」と言う人も出てきたほどである。聖書の記述によると、ノアの子孫からアジア民族が発生したのであると考えられている。

また、イントルチェッタ師が「孔子は常に君主の義務を論じ、君主が道義を守ることを教え、もし君主が道義にもとるときは、国民は天の理によって故国を去り、他の祖国を求めに行かねばならない、と説いた。」と紹介したことは、ルイ十四世のころの知識階級の注目を浴びたのである。

## 百科全書派《エンサイクロペディスト》

**ヨーロッパ啓蒙思想と中国**　フランスで、一七五〇年、ちょうどフランス革命の約四〇年前に、『科学・学術・実業の百科全書』の出版趣意書が発表され、当時、第一線に立っていた思想家の会合が行なわれた。ディドロ、ダランベールが主宰し、協力者としてモンテスキュー、ヴォルテール、ケネー、チュルゴーなどが名をつらねた。いくたびか発禁処分を受けたが、革命十年ほど前に最終刊を終わっている。これからもわかるように、『百科全書』は、十八世紀フランス啓蒙主義の運動の集大成であって、フランス革命の思想的前奏曲となったのである。その内容は、その名の示すように、宗教・哲学・文芸・美術・歴史・倫理・政治・経済・科学・産業などの各分野にわたり、思想的には必ずしも一様ではないが、基本的には啓蒙主義の原理に立ち、哲学的には感覚論的、唯物論的、政治的には啓蒙君主制、経済学的には重農主義の原理を唱え、旧社会《アンシャン・レジーム》の各分野に対して、多面的な合理的批判を展開しているのである。これら啓蒙主義思想家の中には、多くの思想家が含まれていて、したがって、その思想・見解内容はそれこそ複雑多岐であるが、これらのうちから、孔子あるいは、それを通して中国というものを、これらの人々がどのようにみて、考えていたかということにしぼってみてみよう。

『百科全書』の口絵
（ディドロやダランベールなどによって編集された）

民衆の繁栄は、なによりも人口の増加の面にも現われてくる。清朝の康熙帝の末年には、人口はほぼ一億五千万であったといわれ、乾隆《けんりゅう》帝の中ごろにはすでに二億、その末年には実に三億一千三百万人という大きな数字があげられる。このころは、清の黄金時代でもあった。そのころ、ヨーロッパで最も国力の盛んであったのはフランスであるが、その人口は一七八七年（フランス革命勃発の二年前で、乾隆五十二年）には二千三百万を数えているのにすぎない。フランスの人口はけっして過剰ではなかった。そして人口は、どちらかといえば減少気味であった。この人口問題と共に農業問題が起こり、すでにコルベールは農業対策を講じ、不幸にして無理解さから実績をあげることができなかった。ルイ十五世の時代になって、ようやく農業問題のたいせつなことが再確認されて、ケネーが重農主義《フイジオクラシー》という経済学説を提唱したことは有名である。これまでの重商主義《マーカンテリズム》に反対して、富の源泉を土地に求め農業生産の発達を重視し、農民への重税を批判している。モンテスキューは、田園の荒廃、農民の窮状を見て、中国の勧農政策を賞讃して、苦言を呈していた。

## モンテスキューの考え方

**法と道徳**　モンテスキューが、あの有名な『法の精神』を著わしたのは、ルイ十四世、ルイ十五世時代の専制政治を攻撃することにあったことはいうまでもない。当時は、政府の検閲がきびしかったので、学者はコーランに名を借りて聖書の内容を批判し、あるいは専制国家の名を利用して、母国の専制政治を難詰していた。一七二一年に刊行された『ペルシア人の手紙』も同じ趣旨であった。また、中国帝国（当時の清朝）を専制国家に加え、その文物制度を解釈してその弊害を、あるいはイエズス会士の中国讃美論を否定して、中国の政体を利用して、専制政治の欠点を誇張的に宣伝していた。たとえば、中国人の名誉心、徳義心を否定し、その恐怖心をのみ肯定し、中国の政体が恐怖心に基づくことを説き、その政体を専制政治のワク内に入れている、などはそれであろう。したがって一面からすれば、フランスに警鐘を発し、いましめなければならない面が強く、多くあったという考え方も肯定はされるが、いくぶんかの曲解からは回避できないであろう。また、中国の実例でもわかるが、専制国家の学校では礼儀作法を道徳として子弟に教え込んでいる。なぜかというと、荘重な教授がひとたび、礼儀作法を一種の命令として教授するならば、この礼儀作法は道徳上の訓誡として子弟の脳裏にこびりつき、もはや、変化はしないのである。専制国家には法律がなく、ただ、道徳と礼儀作法とが存在するといいきる発想法も見られているのである。したがって宗教も法律も習俗も行儀もことごとくは道徳であり、徳義なのであるということになる。

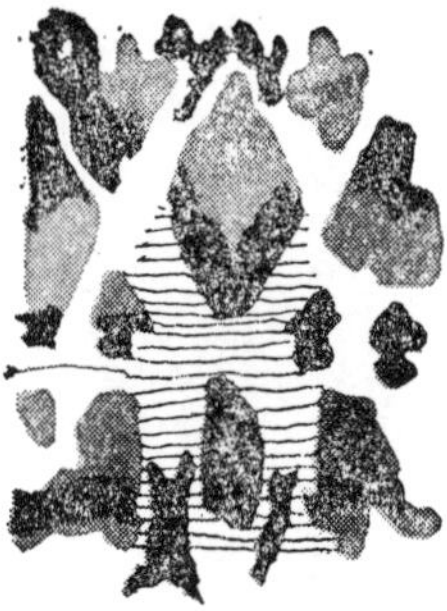

## ヴォルテールの考え方

ヴォルテールには、『ルイ十四世の世紀』、『風俗論』などの著書があるが、実際は、啓蒙専制君主の開明的な施策による社会の救済を期待していたといわれている。ヴォルテールは、「ヨーロッパでは、中国皇帝ほど古いことの証明された王家はない。」と言いつつ、インドやペルシアと比較し、あるいは、中国人がすでに完成した政治制度のもとで生活していたのに反して、フランス国民が動物的状態のもとに生活していること、したがってヨーロッパ文明が遅々としている事実を諷刺もしている。

### 孔子は道理の味方

孔子は「自分がしてもらいたいと思うことを他人に行なえ」と説いたが、キリストのように自分がしてもらいたくないことを他人に行なうなとはいっていない。孔子とキリストとの思想の相違はここにある。キリストは悪を禁止するのにすぎないが、孔子は善を進めていると考えているようである。その他、孔子を至聖至賢の哲人と認め、人類の幸福は孔子の一言半句にも関係しているとまでも激賞している。かれはデピネー夫人に与えた書簡の中で「……孔子は本当に道理の味方であって……」と、また、孔子こそ帝王に媚びず、婦人に追跡されなかった天下無二の師表であるとまで主張している。なお孔子と婦人との関係ということで

ヴォルテール

は、『易経《えききょう》』の序卦、『中庸』第十二章、『詩経』開巻第一の周南の詩などでもわかるが、孔子の教えにおいては、相応に婦女を重んじて、けっして婦女を蔑視はしていないのである。よく婦人を理解し、これに同情し、婦徳を讃美する教訓を残している。ヴォルテールは自分の家に、礼拝堂を設け、孔子の画像を飾って朝夕、これに礼拝していたという。怪力乱神を説かずに、キリスト教に見られる神秘や奇蹟も説かず人間を教化していこうとした孔子の意気に感じて、ついにこの聖人の画像に一詩を讃して、暗にイエス＝キリストを諷殺までしているかのようである。

「孔子は有益なる道理のみの
解釈者なり。
かれは世人を迷わさずに
人の心の蒙を啓《ひら》きぬ。
孔子は聖人として道を説きたりき。
けっして予言者としては説かざりき。
されど人はその教えを信じぬ。
自国においてすらも。」

また、中国人が、偶像崇拝教徒であるということについては、誤解であって、ヨーロッパ人が自分の国の風習にしたがって、中国の風習を判断することからきているといっている。たとえば、跪坐《きざ》の礼（ひざまずいて礼をする）は、中国人から見ると普通の社会的敬礼にすぎないとまでいっている。なお、典礼問題については、中国の政府は信仰の自由を許していたが（ローマ教皇が清《しん》を新たに司祭管区に分割したことと、宣教師が教皇の兵士であり、スパイであることを雍正帝《ようせい》に言ったものがあったといわれている）、キリスト教の宣教師がこれを認めなかったことから、中国の政府と宣教師との間に争いが起きたとして、追って君主というものは臣民の信仰を禁止する権利は持たないが、国乱を防止する権利は持っていると、きわめて中国に好意的なのである。

## 『支那の孤児』

さきに述べた後藤末雄氏の『支那文化と支那学の起源』によると、有名な『支那孤児』は、一七五五年八月二十日に上演された。儒官のザンチにルカンが扮し、夫人のイダーメにはクレーロン嬢が扮した。ヴォルテール作のこの上演がたいへんな成功を収めたことはいうまでもない。そして、「私たちにとっては、臣民の名義も、父と夫の名義以上に神聖ではありません。親子、夫婦の関係が第一であります。全国民の義務と関係、この道は神々からきていますが、その他の規則は人間のこしらえたものであります。」というセリフが観客をおどろかせていた。そのあら筋はつぎのようである。

チンギス汗の大軍が乱入してくる中国（北宋《そう》）の宮廷内外のできごとである。宮廷に近い儒官のザンチは皇帝の皇子を守れという遺命により、わが子と皇太子をすりかえる。いっぽう夫人のイダーメとのかっとうや夫人をむかし愛したチンギス汗との関係が、筋の中心となっている。夫は忠義一徹の心から、逃がして隠した皇太子に代えて、わが子を皇子と言い通し、夫人は母性愛から夫と皇子にそむいて、それはわが子と言い、チンギス汗は、この夫を殺してその妻の怒りを買うことも恐ろしい。砂漠の荒鷲《わし》であるかれも、無限の権力はあっても、宋朝の遺子はさしたる問題ではないこのときでは、チンギス汗はイダーメを説服し、彼女を愛し、また彼女から愛されるか、それとも彼女を罰して復讐するかのいずれか、その決心を迫られているのである。すべての方法のなくなったいまでは、野蛮人の手にかかるよりはということで、夫と妻は共に自害を図ろうとするが、チンギス汗のためさまたげられてしまう。チンギス汗は宋室の遺児や二人の仲の愛児を助けたばかりでなく、その父として保護を与えることも誓うのであった。また、かれはザンチを登用し、崇高な法律を解釈し、国民に道理と正義を教え、国風を醇化《じゅんか》すべきことを託してしまう。チンギス汗の心機が一転したのをみてイダーメが、その動機をたずねた。「あなたたちの節義に動かされて……」とチンギス汗は答えて、終幕となる。

この演劇の意図には、いろいろの伏線が織り込まれている。ヴォルテールが愛した孔子の哲学をある中国の婦人の口を借りて、啓蒙しようとし、百科全書派の理想を誇示しようとしたこと、あるいは、古くから、人間の自然的な感情がキリスト教によって圧倒されていたことに義憤を感じて、復讐しようとした、などが考えられてくる。要は、かれの中国讃美論には、まことに純粋な動機があったことは否定できまい。しかしこの中国観、あるいは孔子観が、教会攻撃の武器であったということも否定はできないのである。

## ケネーの考え方

ケネーと同時代の人であって、同じく王室の侍医であったクレールの『禹大帝と孔子』の刊行は一七六九年のことであるから、ケネーの『経済表』は、クレールの著より先立つこと十一年である。

### ヨーロッパの孔子

ケネーは「ヨーロッパの孔子」といわれた。ケネーの中国関係の知識もフランスのイエズス会士関係の著書や論文にあおいでいる。「中国人は道徳と政治とを区別していない。かれらの考えによると、善く生活する技術は善く治める技術に他ならない。したがって、中国では倫理学と政治学とが、とどのつまりは、同一の学問となっている。」と述べているのである。また、中国の皇帝は、在朝の諸侯や高官を集め、聖賢の古典に基づく訓論を試み、地方官も国法に従って、人民に訓論を行なっている。この訓論の中で農業の尊重すべきことを、その義務を説いているとして、中国における重農主義に注目し、農民に対する尊敬、皇帝や政府の農業に対する関心、農家の祭を述べ、細かに中国の重農主義を紹介しているのである。

いっぽう『支那専制政治論』の中では、中国の道徳が父子間の愛情、すなわち孝愛の情を基礎としていることから、中国の道徳は、最も自然的な人間の性質に基づいて自然にきまった理法を守ることにあり、孔子は実に、孝をもって百行の基いと認めていたと考えている。「孝経の中で孔子は、正義もしくは礼儀に反することがあるならば、子といえども、父親に服従する義務はなく、臣下といえども君主に服従する義務はない。」と言っているのである。

ルイ十四世のころからフランス文学の黄金時代が現出してくる。ギリシア・ローマの思想がキリスト教思想と調和して、古典文学の盛観が見られるようになったのである。そのころ、西漸してきた中国の思想も、単に自然と人間とを尊重する点から眺《なが》めてみると、いわば一種のギリシア思想であって、この思潮に合致したのか、人文主義の信奉者でもあった百科全書派は中国思想を論議し、その多くはここから摂取するものも少なくはなかった。したがって十八世紀初頭、人によっても自然主義の見地から孔子教を解釈することも多かったのである。「中国の哲人、孔子の著書は、人が自然の忠告に耳をすますとき、自然にのみ万能の偉力ありと教えてくれる。」と、近代の法律学者の著書よりも、はるかに大きい自然の理法を理解させてくれることを述べているのもそれである。

# 現代哲学からの評価

## ヤスパースの孔子批判

**ヤスパースについて**　カール＝ヤスパースは一八八三年に生まれ、一九六九年に死んだドイツの哲学者。ハイデルベルク大学の教授であったが、一九三八年、非ナチス的思想の持ち主として、ヒトラーのナチス文化統制の犠牲となり、弾圧をうけた。特にこのとき、ナチスは、非人道的で卑劣きわまりない条件――ヤスパース夫人が、ナチスの排斥したユダヤ系の出身であることを理由に、夫人と離婚してドイツの大学教授としての適格性を認めてもらうか、これを拒否して現職から退くかの二者択一――を持ちだしてヤスパースに迫ったことは有名である。

かれによれば、人間の究極的な現実は客観的に認識されるものではなくて、人間の内部において覚醒されるものであるという。

ドイツのハイデガー、フランスのサルトルなどとともに広い意味での実存主義に属する思想家といえる。広い意味というのは、これら思想家の思想内容には、それぞれ一概にいいきってしまうことができないほどのへだたりがみられるからである。たとえばヤスパース自身も、実存主義という名をきらって、自分の思想の特徴づけに「実存哲学」という語を使いとおしているほどであることなどによっても知られる。しかし、「実存」という新しい次元の存在形態を想定し、これを人間の本質の核心的なものと考えて追求し、これを自覚して生きようと思索しつづけている点に共通性をもっているかれらを、実存主義の哲学者と呼ぶことは、今日ではふつう一般のことで許されることだと思う。

**ヤスパースの「大哲学者たち」**

さて、いまここに取りあげようとするヤスパースの孔子批判は、つい十年ほど前の一九五七年以降、かれが発表した『大哲学者たち』（全三巻）の中の、孔子に関する部分によるものである。本文九五六ページにも及ぶ『大哲学者たち』の冒頭には約七〇ページにわたる序論がしるされているが、ここにはおおまかにいってつぎのようなことがしるされている。

一、人間の偉大さとは何か。
二、他の形の偉大さに対して、哲学者の偉大さとは何か。
三、偉大な哲学者をえらぶ基準。
四、その選択と分類。
五、その哲学者たちとの交わり。
六、哲学史を哲学者たちによって示すことの異論について。
七、偉大な哲学者は常に善であり、模範であるとは限らないが、そこに見られる否定的なものを通して、

ヤスパース

全体的なものが明らかとなる。

八、この書物のもつ課題。

この序論にしるされた分類によって、哲学者たちは、三つのグループに分けられる。

第一のグループ　これらの人びとを哲学者と呼ぶことには、ためらいを感じるが、とにかく、その人の実在、または、その人の本質により、歴史的に人間存在を規定した人たちで、今日までの数千年、その影響がつづいており、それによっても偉大さが証明される人びと。

第二のグループ　これらの人こそ本来の哲学者と呼ぶにふさわしい偉大な思想家。

第三のグループ　詩、科学、文学、実生活および哲学教授の領域で、哲学的な思索を行なった人びと。

このうち、第一のグループに属する人は四人で、ソクラテス、釈迦《しゃか》、イエス、および孔子。第二のグループに属する思想家、プラトン、アリストテレス、カント、フィヒテ、デカルト、パスカル、キルケゴール、ニーチェ、ヘーゲルなど三十数名のうち、特に中国の思想家は、静安の境地に至った、また、それをもたらした形而上学者として老子。創造的な組織者として朱子。第三のグループに属する思想家、ダンテ、シェークスピア、ゲーテ、ドストエフスキー、アインシュタイン、マックスウエーバー、ルソー、マルクス、ショーペンハウァー、ベーコン、ハイネなど約六〇名のうち、特に中国の思想家は、知恵の読書人として荘子、神学者として墨子、孟子がそれぞれ列挙されている。

## 世界の四聖

孔子が、ソクラテス、釈迦、イエスとならべられて、いわゆる世界の四聖と呼ばれることは、和辻哲郎博士によれば、明治時代の日本の学者が考え出したらしいが、ギリシア文化をソクラテス、インド文化を釈迦、ユダヤ文化をイエス、シナ文化を孔子で代表させているこの分類と、ヤスパースの分類する第一のグループとがたまたま一致していることはおもしろい。いずれにしろ、孔子がヤスパースにきわめて高い位地を与えられていることは、ヨーロッパにおける中国思想に対する伝統的な見方とあわせ考えられて興味のある問題といえよう。つまり、ソクラテスを除いて、釈迦とイエスと孔子とはそれぞれの宗教の創始者と見られているのであろう。ヨーロッパでは、儒（儒教）を一つの宗教と見る見方がなされるのがふつうだからである。

しかし、われわれ日本人の感覚からすると、儒（儒教）は宗教であるといいきってしまうことに少なからぬ抵抗を感じるのである。なぜならば、宗教というものは、そこに、ある超越的な何かを認め、それこそが真実在だとする考えのうえに成立するはずであるのに、孔子にはそれがない。孔子はあくまでも現実に生きた人間であった。——中国人のものの見方がきわめて現実的であるように。現実の人間社会の倫理道徳をきわめて人間らしく説いたのが孔子だと考えるからである。

「大哲学者たち」のなかの「孔子」は八章にわかれている。いま目次をあげてみよう。

## 「孔　子」批　判

一、生涯。二、孔子の根本思想。古代復興による人間救済。三、孔子の倫理的、政治的エトス。四、根本的知。五、孔子の限界意識。六、孔子の人柄について。七、孔子とその反対者。八、その影響の歴史。

ここでは、ヤスパースがとりあげたいくつかの孔子批判のうち、注目すべきところと思われるもののいくつかを順を追って列記してみることにするが、これら各項についてくわしく論評することは、専門的になりすぎるので省略することにする。

一、ヤスパースは、孔子を崩壊する周王朝を、助言によって安寧《あんねい》に導こうとした哲人の一人としてとらえ、孔子の取りくんだ根本問題は、「昔のものとは何か、それはどのようにして自己のものとすることができるか、それは何によって実現されるか。」というものであった、としている。そして、孔子は善と悪とを区別し、善とし模範とすべきものの選択に成功した人物で、その善とし模範とすべきものを、述べ伝えることを使命として、昔の文書、記録、詩、神託、風俗習慣の規定[1]などを精選し、学園を起こして、未来の政治家にふさわしい教養を身につけさせようと、弟子たちに教科書として与えたのだ、と述べている。

二、ヤスパースによれば、孔子は世間から孤独のうちに退くか、あるいは、人とともに世の中で生き、この世を形成するか、の二者択一の前に明快に決断して、後者をとった人物だとして、人間社会が孔子の

1) 春秋、詩経、書経、礼記などを指すのであろう。

本質的な関心事であった、と述べている。

三、ヤスパースは、孔子が究極の事物を一度も主題として追求しなかった点にふれ、孔子は、限界について語ることをはばかる気持を持っていたのだとみている。たとえば、幸福、運命、純粋なよいこと、死、自然、世界秩序などといったものに、何ひとつ決定的な解答を与えなかったが、これは、孔子がこれらを秘密にさせておこうという気持ちからではなく、それらの事物の本性が、もともとそのようなものなのだからであると、孔子のとった態度を肯定的にみている。

四、ヤスパースは、現代哲学が、孔子を単に合理主義者として低く評価していることに不満を述べる。たとえば、O・フランケ（ドイツ）が『シナ帝国史』で、「孔子は人柄も仕事も、特徴や真の偉大さを、持ってはいない。かれは礼儀正しいモラリストであった。」と述べていることにふれて、これはおどろくべき、うわすべりした判断だ、と述べている。

五、ヤスパースは、孔子はその生きていた時代、他の多くの哲人たちのなかの一人にすぎず、けっして最も成功したものではなかったが、かれから儒教が生まれ育ち、二千年間、シナを思想的にも、政治的にも、支配した、と述べている。

六、ヤスパースは、中国で二十世紀のはじめ、シナ帝国全体に孔子のために聖堂がたてられ、孔子がはっきり神だと宣言されたという事柄をとりあげて、人間以外のものであろうとはせず、またけっして聖人ではないことを承知していた孔子を、神に祭りあげたことは、考えるに価いするものだと述べている。

# 現代中国における孔子の評価

## 五・四運動以後の孔子評価の変遷

**古代思想の再検討**　この項では、中国の近代から現在にかけて、孔子がどのように見直され、また評価されているかというところに焦点をあてて、考えてみよう。世上周知のように、現中国は、いわゆる二つの中国に分かれているので、ここでも、それにあわせて、最初に中国大陸を支配する中華人民共和国においてのものを、つぎに台湾に拠る中華民国においてのものを、述べてみることにしたい。ただし、一九六六年に起こった中華人民共和国での文化大革命以後の孔子評価は、いまだに定着していないから、ここでは触れることができない。

おおよそ、周王朝、戦国時代より、民国初年（一九一七年ないし一九年）のいわゆる文学革命[1]や五・四運動[2]ごろまでの、約二千余年間は、中国民族の倫理思想は、ずっと続いて孔子の仁道的倫理説が、その主流とな

1) 一九一七年にはじまった中国の近代化への活動の一つで、白話運動ともいい、文語体をやめて口語体で文章を書き、自由に思想を表現しようという運動をさす。
2) 一九一九年、北京大学の学生を中心にした政府の進歩的教授弾圧に対する抗議デモを発端とする反帝国主義、排日の運動をいう。

っていた。そして、孔子思想は中国民族や東洋思想文化の上に君臨して、最も人間生活に適切な、人間味に富んだ生きかたの理法として、重んじられてきたのであった。

五・四運動によって、古文や古代思想が再検討されるきざしが起こってからは、孔子思想も例外ではなく、次第に批判、論議されるという傾向が生じてきた。その最も目ぼしい実例の一つをあげると、運動の約二十年後、呂振羽《リューヂェンユー》（ろ　しん　う）氏の『中国政治思想史』のなかにあらわれている孔子思想に対する考え方にみいだされる。

## 呂振羽氏の説

この書物は、一九四三年から一九四九年ごろに刊行されているが、そこでは、孔子思想が「初期封建制の上昇期の政治学説」としてとらえられており、特に、「封建諸侯集団を代表する政治学説を集大成した孔子学説」と、みなされているのである。

かれによれば、「当時——孔子の生きた春秋時代——の社会や経済面の矛盾から、倫理や名分観念に混乱が生じ、また宗法《そうほう》（本家と分家などの親族間の間柄や、つとめに関するきまり）関係の混乱や、封建諸侯相互の侵略戦争、封建諸侯と農民間の階級矛盾などが、つぎつぎと発生して、重大ないくつもの問題が引き起こされたのであるが、孔子はこれに対して、周公以来の封建制度を護持し、そのうえに立って、現実に起こっている社会矛盾や混乱を解決しようとしたのであった。だがしかし、孔子は封建制度が、内側に必然的にもっている社会矛盾の弊害を正しく認識して、そこから改革しようとしたのではなく、孔子自身の主観的な立場から、唯心主義的に解決し、西周封建社会が、考えられるただ一つの合理的な政治制度である、と速断して、それを復活するのが、最も現実的に社会矛盾や混乱を解消し、改革できる道である。」と考えたのであった。したがって孔子は封建統治階級に奉仕するような政治理論体系を完成していると、呂氏はみなしており、こうして、「孔子は反人民の立場に立つ人物だ。」と考えるのである。しかし、だからといって、孔子を全く否定的に見ることはなく、他方では、「それでも、当時および数千年の封建社会において、一定の意義あるものである。」と認定しているのである。

こうして、呂振羽氏は、社会経済史観のうえから孔子思想を再検討しているが、かれの説くところは、やはり深く孔子思想の核心に迫るものもある、と感じることができるのである。

たとえば、かれの「仁」論などは、味わうべきものであろう。かれはつぎのように述べるのである。

忠恕は、多くの儒学者は、孔子の仁であるとする。が、忠恕は仁の第二義にすぎない。仁の内容は、やはり、忠・孝・悌・信が発生してくるところの本源である。また道ともいえよう。と。

また侯外廬《ホウワイルー》（こう　がい　ろ）氏などの『中国思想通史』（一九四七から一九五一年ごろ刊行）にも孔子思想が唯物史観に立って検討されていることは注目される。

## 中華人民共和国における評価

### 百花斉放

さて、一九五一年から六一年ごろあたりにかけてのほぼ十年間にも、孔子およびその思想に関する再検、評価は、つぎつぎと現われ、その主要なものだけでも数十編にのぼっている。これによっても、孔子に対する関心がいかに大きいものであるかということの一端を、うかがうことができよう。そのうちのいくつかを、紙面の許す範囲内で、年代を追ってあげてみると、つぎのようになる。

一九五一年
「孔子の中国歴史上の地位」（光明日報）　宗云彬《ズンユンビン》（そう　うん　ぴん）氏

一九五三年
「孔子に関する歴史の評価問題」（歴史教学）　嵇文甫《シイウエンフー》（けい　ぶん　ぽ）氏

一九五四年
「孔子思想研究」（新建設）　馮友蘭《フォンヨウラン》（ふ　ゆう　らん）氏

一九五六年

「孔子は地主階級を代表せざるを論ず」（新建設）　赴先賢《ヂャオシエンシエン》（ちよう　せん　けん）氏

一九五九年

「孔子思想体系の初探——孔子の仁学はこれ奴隷解放の理論なり」（光明日報）
劉介人《リューガーレン》（りゅう　かい　じん）氏

「孔子思想体系の初探の一文に対する意見」（光明日報）　孫九《スンチオウ》（そん　きゅう）氏

一九六〇年

「孔子の仁学は奴隷解放の理論にあらず」（光明日報）　章士風《ジャンシーフォン》（しょう　し　ふう）氏

一九六一年

「孔子の人民に対する態度と方針を論ず」（大公日報）　高享《ガオシアン》（こう　きょう）氏

「仁と礼とより見たる孔子思想の階級性」（大公日報）　鐘肇鵬《ヂョンヂャオポン》（しょう　ちょう　ほう）氏

一九六二年

「孔子の時代階級と政治思想の進歩性」（文史哲）　李毅夫《リーイーフー》（り　き　ふ）氏

「孔子の階級立場と階級観点」（江海学刊）　洪家儀《ホンジアイー》（こう　か　ぎ）氏

「孔子の労働に対する態度」（羊城晩報）　李蔭農《リイインノン》（り　いん　のう）氏

「孔子の仁の思想の探源」（河北日報）　何直剛《ホウチイカン》（か　ちょく　ごう）氏

「孔子の唯仁論」（学術研究）　劉節《リュウチイ》（りゅう　せつ）氏

「孔子の美学思想」（羊城晩報）　馬采《マアッアイ》（ば　さい）氏

ところで、中華人民共和国の建国は、一九四九年であるから、これらの孔子に関する論評や論考は、もう建国初期からのことということになる。中国ならびに東洋諸国の、長い歴史や生活・文化のあらゆる方面にわたって、有力な原理であった孔子思想の理法は、革新的な新時代でも、それなるがゆえに、かえっていっそうの関心が寄せられる力点でも、あったようである。

さて、ここに列挙したいくつかの論文を読んでみて、特に銘記しておきたいことが一つある。それは、孔子思想に対する中国人の態度についてである。孔子思想に対する批判、評価は、もちろん賛否こもごもであるが、しかし、共通してみられるこれら論者の態度は、真剣さということである。かれらには、単に過去の思想であるから、何でもかでも捨て去ってしまうべきで、それらは考慮に入れる余地の全くないものだ、と頭からきめこんでしまって、画一的、形式主義的に取り扱う、などということは見られないのである。過去の時代の文化遺産を、ていねいに討論分析し、その是《ぜ》なるものは取って生かし、否《ひ》なるものをば捨てていこうという、きわめて柔軟で、進歩的、合理的な態度で、ものにのぞむのである。そして、この孔子思想の幅《はば》ひろい中に秘められている、深い、きめこまかな人生原理のかずかずを、互いに反省し、尋《たず》ねもとめて、新時代の生活設計に利用していこうとする、民族的英知のきらめきが、うかがわれるのである。

考えてみると、このような歴史的転換動揺期にも、いわゆる「温故知新《おんこちしん》」のできる民族の文化的底力《そこぢから》は、まことに偉大であり、うらやましい限りである。そしてまた、民族の多数の学者のすぐれた頭脳を結集させて、たずね求められるにふさわしい孔子およびその思想は、さらにいっそう光彩を放つに値するものとみることができるであろう。

孔子哲学討論集　以上あげたような、孔子思想についての探究再検や、甲論乙駁《おつばく》の風潮をふまえて、一九六〇年から一九六二年にわたるさまざまな業績の中から、その主要なもの二十三篇を選集した書物が刊行されたが、それが『孔子哲学討論集』(中華書局編六三年刊)なのである。したがって、この「討論集」を一読することによって、まず現在の中華人民共和国での「孔子および孔子思想」観、ないしは評価などが、一応判明するであろうと思う。よって、ここではその書物の内容にふれてみよう。

この「討論集」の編集趣旨は、つぎのごとくである。

最近二、三年のうちに、孔子哲学思想に対する討論が展開されたが、その論争の主要点は、㈠孔子の階級的立場、㈡孔子の政治学説について、㈢孔子の哲学思想、㈣孔子思想に対する評価の問題、である。この四つの問題は、かつて各新聞や刊行物が、討論文章として継続発表したものである。いま、われわれは、これらの中から二十三篇を選択し、読者の参考に供したい。その編集の順序は、その文章の発表年時の先後順により、内容を考えて先後することはしなかった。

つまり、この討論集の内容は、体系的ではなく、一九六〇年発表の「孔子思想研究」(童書業《トンシユーイエー》氏)以下、一九六一年発表の「孔子思想在㆓春秋末期㆒的作用」（湯一介《タンイージエ》氏）などのように、発表年時順に配列してあるものだ、ということがこれで知られる。それでは、しばらくこの書物中に採録されているものによって、中華人民共和国における「孔子思想」観の概略を、うかがうことにしよう。

## 中共における「孔子思想」観

### 童書業氏の説

まず、冒頭第一編の論文、童書業《トンシューイエー》氏（どう　しょ　ぎょう）の「孔子思想研究」をとりあげてみると、ここでは、孔子を、「中国思想史上最も偉大な人物の一人である。」とし、「それ以前に系統的哲学思想はなく、かれ以後の封建時代の哲学思想は、すべて孔子思想に関連のあるものであり、まさに孔子は大学派儒家を形成した先達である。」と指摘している。さらに続けて、「かれは殷人の子孫で低級貴族〝士〟の身分にあり、崩壊した周の制度を回復し、宗法《そうほう》の制度を維持しようとこころざし、魯の公室を擁護《ようご》し、三桓氏（五十二〜五十五ページ参照）をおさえようとしたが失敗した。それは、当時はすでに、土地の私有化と地主経済の道がひらかれ、まさに領主封建制より、地主封建制に移る過程の時期だったからだ。――中略――孔子は上層士大夫の政治改良派であったが、その思想は大部分保守的でありながら、また注目すべき進歩面もそなわっていた。」という。

たとえば、『論語』の中に、弟子の子張が「十代あとの王朝の文物制度のことがわかりましょうか」という質問をしたことに対する孔子の答え。

殷では、前王朝の夏《か》の文物制度を基礎として受け継ぎ、周では殷の文物制度を基礎として受け継ぎながら進んでいて、その間に、ある部分をへらしたり増し加えたりしても礼の大綱《たいこう》は変わらない。だからもし、周のあとを受け継ぐものがかりにあるとしたら、百代の後でも、よくわかるわけだ。

というものがあるが、これによって考えると、「孔子も保守面と進歩面とをあざやかに意識していた。」と、童書業氏は解明するのである。要するに、この人の、孔子および孔子思想に関する解明は、公正妥当なものであり、よく孔子思想の真意をとらえているもの、といえそうである。

さらに童書業氏は、孔子思想の核心となっている「仁」について評論し、つぎのように述べる。

孔子以前の倫理思想は孝・友と慈愛であり、これは（当時の）宗法制のもとでは当然なことである。すなわち、家族倫理の孝・友がよく修められて、それが治国の政治的根本となった。孔子は、人びとを宗法制家族倫理の中から解放して、社会的人間倫理の形成に導いた。いわば、宗法制家族的な旧倫理(孝・友)を進展させて、封建制社会人的な新倫理体系（仁）を総合的に建設し確立したのである。そしてその倫理体系の標準に中庸をたてたのであった。

孔子倫理体系の樹立にも、新旧倫理の調和総合をはかって、当時の社会状態に適応した規範をうちたてたこと、けっして単に保守的に終始したのではなく、時代の要請に適応した進歩的方向に発展していること、などに着眼しつつ、これを指摘しているのは、聞くべき言葉である。

いま、かれの「仁」についての解明の一端は、参考になると思われるから、これを訳出してみよう。

「樊遅《はんち》が仁を質問した、孔子は人を愛することである。と答えた。」

仁の最も基本的な定義は、「人を愛する」ことである。ゆえに仁愛と連称するのである。人を愛するの道は、まず「己《おのれ》を推《お》して人に及ぼす」ことである。

「孔子は言う、いったい、人格者は自分が身を立てたい、地位に立ちたいと思う場合には、まず他人の身を立て、他人を地位に立ててやる。自分が事に通達したい、成しとげたいと思う場合には、まず他人を事に通達させ、成しとげさせてやるのだ。」

仁者は、人を愛するの心をもって人を待つにより、心に問うて恥じることがない。ゆえに、

「人格者は道理にしたがい私欲にうちかって、その処《ところ》に安んずるから心配することがない。」と。

孔子はまた説いている。

「剛毅木訥のものは、それがただちに仁であるとはいえないにしても、きわめて仁に近いものである。」と。

剛直にして毅力があり、重厚にして巧言のない人は、すべて仁に近い。剛直の人は虚偽がなく、毅力のある人は困難をおそれない。仁者はまさにかくのごとくである。

以上に説くところの仁は、すべて孔子が（弟子たちに）講じた「仁道」の中の新しい方面で、いわば社会

人としての道徳である。孔子の講ずる「仁道」には、また他に旧《ふる》い一面がある。（つまり）家族人としての人間道徳である。すなわち、仁は新道徳であり、孝は旧道徳である。そして、この（仁と孝）両者は本来調和できない性格である。が、ただ孔子（および）孔門の儒家たちは、かえってこの両者をば調和させ、「孝」をもって「仁」の根本であると説き定めるに至っている。『論語』に

「有子は言う、孝弟は、仁道を実現していく上の根本だというべきであろうか。」

と言っているのはその例である。

童書業氏は、孔子の「仁」をこのように分析解明し、家と社会との倫理を調和総合させた新道徳であるとするのであり、この見解はきわめてひいでた見識である、といえよう。

### 湯一介氏の説

孔子批判をいわゆる唯物史観に立って行なった場合はどうなるであろうか。この立場に立って公式主義的に孔子を粛清しようとする学者は多いが、その代表的な実例として、湯一介《タンイージェ》（とう　いっ　かい）氏の説を紹介しておこう。かれは、こう述べている。

孔子の思想は、奴隷主貴族より封建主貴族へ転変する階層の利益を代表する改良的思想であるが、今日から見ると、完全に反動的思想である。われわれは、これを批判して、その影響を粛清しなければならない――中略――その孔子の仁は、人間いっさいの作為の道理を包括し、最高の道徳標準であり、政治標準であるが、それは統治階級の利益のために出発し、当時新興の封建主貴族の利益のために着想されたもの

である。ただ、またそれは搾取階級の間の関係を処理するためのものとみなすことはできないで、まさに新興地主階級の利益より出発しながら、労働者との間の関係を処理するものでもある。古来、孔子はいろいろに評価され、あるものは封建地主階級の立場から評価し、あるものは封建制下で被圧迫階級の立場から評価した。その他、資産階級的評価、反動的評価、労働者的評価、革命的評価など多くの評価がなされているが、みな一面的であり、そのうえに、マルクス主義的科学的批判精神が欠けているので、孔子の影響を粛清することはできなかった。だから、これらの点を熟慮して真実に分析批判し、孔子思想の不良な影響を粛清すべきである。

### 馮友蘭氏の説

つぎには、馮友蘭《フォンヨウラン》（ふ　ゆう　らん）氏の「孔子を論ず」を見てみよう。かれはまず孔子の立場を「奴隷所有貴族の立場である。」とする。

孔子はこの奴隷所有貴族の転化よりして起こった地主階級層の利益を代表するものである。――中略――この種の地主階級は、奴隷所有貴族制度を破壊しない範囲で若干の改革を希望しており、そのために、貴族以外の有能人を登用して政治に参加させて、労働生産者の地位を高め、その生活を改善することを目標としていた。すなわち、「遠人を来たし」「賢才を挙げる」という態度と「等級制度」（礼）を維持する態度とを堅持するのであった。この両者から、孔子の「仁」という新提唱が現われた。それは主要な新道徳原理であり、政治原理である。

さて、馮友蘭氏は、「孔子思想体系中において、仁・礼・天は統一されている」ことを論証し、また、孔子の思想方法は、聞見・証拠・闕疑・引伸類推・一貫・絶四に重きを注ぎ、唯物主義的精神と弁証法的意味を有している。」と説くのである。また、

孔子思想は、封建制度を強固にする武器であり、封建統治者のために階級間の矛盾を緩和し、その長遠なる利益を維持する対策を提供したのであり、そこにまた、民主的な、人道主義的な素因をも十分に含んでいて、中国古代随一の偉大な啓蒙思想となったのである。

と評価し、最後に結論として、

孔子の学説は、㈠古代中国の政治生活と文化生活とに巨大な影響を及ぼしたこと。㈡中国思想史上第一に提出された系統的理論体系であること。㈢その哲学観点は、古代思想の開始が神権的束縛の中から解脱《げだつ》して出ていったことを示していること。㈣人間の実際生活の要望という点から見て、いっさいの問題を和解していること。

をあげて、これらが孔子および孔子学説の、中華民族の社会・生活・文化一般に貢献している諸方面である、と述べるのである。

## 安作章氏の説

安作章《アンツオチャン》(あん さく しょう)氏は、孔子の「礼と仁」について検討しているが、その新鋭な評論・評価には、注目すべきものがある。大要はつぎのようである。

孔子の礼は旧《ふる》い礼ではなく、新しい解釈が与えられたもので、統治者が民衆に寛和《かんわ》で残暴（無慈悲でらんぼうなこと）に過ぎないようにするのが礼である。このような礼は、当時の民衆（の意志）に合致するもので、階級矛盾も緩和される性質をそなえていた。そして重要なことは、孔子はこの礼に新しい内容として、「仁」を加えたことである。すなわち、これによって、旧い礼は大いに改進されたのであった。そのうえ、仁にも二面性があり、（それは）統治階級の内部を維持する正常秩序と、階級矛盾を緩和する補助秩序とである。こうして、孔子の仁は、奴隷の地位の労働人民にも有利であり、また成育中途にある地主階級にも適用することのできるものとなるのである。この孔子の「仁」の理論は、時代精神の反映であり、当時の社会変革の潮流にも順応したものであって、その進歩性が肯定される。が、また、若干の保守的素因も含まれていることは明らかである。

**その他の人びとの説**　その他の人びとのうち特に目ぼしい論文としては、㈠王先進《ワンシェンジン》（おう　せん　しん）氏「歴史上に占める孔子の地位」を論じている。

㈡車載《チョーツアイ》（しゃ　さい）氏「孔子の仁の階級性」を考論している。

㈢継愈《ジーユー》（けい　ゆ）氏「孔子の政治上の保守的立場と哲学上の唯心主義」を論じている。

㈣鐘肇鵬《チョンヂャオポン》（しょう　ちょう　ほう）氏「孔子思想の階級性」を究《きわ》めている。

㈤関鋒《グアンフォン》（かん　ほう）氏　林聿時《りんいつじ》氏「㋑教育説では、時代の潮流に従い、文化下移の方向であるが、㋺政治説では、時流に逆行し、かつまた、保守的と進歩的との両面があり、㈧哲学面でも、折衷主義（中にはままま）唯物的素因もあるけれども、基本的には、やはり主観的唯心主義と客観的唯心主義との折衷主義である——中略——㈡孔子の仁は礼の内容であり、礼は仁の形式である。礼とは西周の典章制度と道徳規範とであり、孔子はこの礼によって階級的矛盾を調和しようとするのである。これが政治学説の基本的方面をなすもの、まさに改良主義である。」と論じ、かつ結んでいる。

以下なお数人の学者の論文がここにはあるが、省略する。しかし、以上でもって、中華人民共和国においての「孔子および孔子思想に対する見方」の大略は知られることと思う。結局、㈠封建制度下の保守反動であるとか、㈡主観的唯心主義的観念論にすぎないとか、㈢人民大衆性がとぼしいとか、いろいろ批評はあるけれども、それでいて、一概に包括ができず、きわめればきわめるほど、人間の現実の生活についてのいろいろな味や、見解や、理念や示唆《しさ》が、いくら汲《く》んでも尽きることなく流れ出てくるといったところが、孔子および孔子思想の真実の姿、といえるのではなかろうか。

## 中華民国における評価

こんどは、台湾にある中華民国の現時点における、孔子および孔子思想の再検討、評価ぶりはどのようであるか、これを少しうかがってみることにしよう。

### 徐復観氏の説

ここでの孔子および孔子思想に関する論文や著書は、数多く現われているのであるが、その二、三を紹介して、参考として述べてみたい。

まず、民国四十八年（一九五五年）に刊行された『中国思想史論集』に、孔子思想の特質や仁・孝説を述べた徐《シュー》復《フー》観《グワン》（じょ　ふく　かん）氏の考え。

孔子儒家思想は、封建制度下で生じたものだから、封建専制政治にもちろん関係をもっている。が、そこに孔子思想独自の特色をもっている。すなわち、孔子思想は、現実を打破して、その現実を改造するものではなく、現実の中にはいりこんでいき、その要点をとって形式を変える方法で現実を改造するのが特色である。それゆえ、封建制の形式の中に、新しい精神を注ぎ入れ、それでもって封建制度の現実を改造するのである。たとえば、礼楽《れいがく》はもともと封建貴族社会のものであるが、孔子はこれに仁という新精神を注ぎ入れて、仁にかなうような礼楽を実践させ、そのような礼楽は、もう一般庶人にも及んで、仁道を行なう具体的な主要素である、というように改造していくのである。

さらに徐復観氏は、「孔子が伝承的な孝道を、人間本性、本心より出て、仁道の根本となるもの、と高めて考えていること、および、それが、政治上に偉大な啓示となること。」などをも強調している。

**張其昀氏の説**

つぎに、張其昀《ヂャンチーチン》（ちょう　き　きん）氏は、『孔子学説と現代文化』という論著を発表し、現時点においても「万世の師表」である孔子の諸方面をくわしく述べ、「西周末における中国貴族政治の衰亡と、戦国時代の平民政治の勃興とに、その先駆となったものが孔子思想であり、中国文化に対する最大の貢献はこの点にある。」と指摘する。そしてさらに、思想家としての孔子におよび、「仁愛・忠恕・礼・中庸など、中国哲学中心思想の提唱」に絶大の評価を与えている。また、㈠三民主義と孔子思想、㈡中国革命と孔子思想、㈢東西文化と孔子思想などにわたっても、くわしく論証し、孔子思想こそ、現代中華文化ばかりでなく、東西世界文化への連関状勢にも深い意義があることを評価強調している。

**陳立夫氏の説**

このほか、民国五十五年（一九六二年）、陳立夫《チェンリーフー》（ちん　りっ　ふ）氏の『四書道貫』が刊行されているが、ここには『論語』をはじめとして、四書（論語・大学・中庸・孟子）全般にわたり、格物・致知・誠意・正心・修身・斉家・治国・平天下などの各項目に分類配列して、その主旨を明確にしようとしていることは、注目してよい事柄である。

以上あげた二、三の論文からもわかるように、現時点における台湾の学界および文化界の動向と真剣な態度には、われわれがよくよく、他山の石として反省に資すべきものがあることを、知り得ると思うのである。

この本を読み終わって読者は、いかがな感想をもたれたであろうか。

孔子は、激動の時代に生を受けただけに、その思想は「時代の生み子」と限定的に解釈されやすい。それはあまりにも短見であろう。長く、東西世界の思潮の中で洗われながら、強い影響を英知のひらめいた人生観として残していることからは、考えさせられることが数々あろう。たとえば、高等学校の生徒にとってみれば、先生との関係は、まさに人間どおしの信頼関係があることによって成立すると考えられよう。社会人一般からみると、単なる「政治的な人間」の一類型を生徒に期待してはいないはずである。人間自体、つまり「全人」的類型、または、インテグラルな人間（人格）の形成を期待することとなる。ここらにも孔子と読者のつながりが考えられてこよう。

# 孔子年譜

| 西暦(紀元前) | 年齢 | 年譜 | 背景をなす社会的事件、ならびに参考事項 |
|---|---|---|---|
| 五五二 | 一 | 孔子、魯の都(曲阜)の郊外昌平郷陬邑《すうゆう》に生まれる。 | ユダヤ王国滅亡(五八六) |
| 五五〇 | 三 | 父、叔梁紇《しゅくりょうきつ》なくなる。 | |
| 五三八 | 一三 | 孔子、学校(?・)にはいる。 | |
| 五三六 | 一五 | 孔子、学問にこころざす。 | |
| 五三三 | 一九 | 孔子、結婚する。 | |
| 五三二 | 二〇 | 息子《むすこ》の鯉《り》(伯魚)が生まれた。このころ、生活のため、しばらく季孫氏に仕え、倉庫の管理や家畜の飼育官となる。 | |
| 五二九 | 二四 | このころ、母、顔徴在《がんちょうざい》、病気でなくなる。 | ペルシア帝国全オリエント統一(五二五ごろ) |
| 五一九 | 三四 | このころ、周の都洛陽に行き、礼を老子に問うたという話が伝えられている。 | |
| 五一七 | 三六 | 魯の昭公が三桓氏打倒に失敗して斉に亡命。あとを追うようにして、孔子、斉に外遊する。 | |
| 五一六 | 三七 | このころ、孔子、斉より魯に帰る。 | |

| | | | |
|---|---|---|---|
| 五〇五 | 四八 | 魯の国政乱れる。孔子、しりぞいて詩、書、礼、楽を修める。孔子の私立学校にはますます弟子が集まった。 | 魯の昭公、なくなる（五一〇）<br>魯の定公、位につく（五〇九）<br>ローマ共和制はじまる（〃） |
| 五〇二 | 五一 | 季孫氏の家臣で費の町長をしていた公山不狃が季孫氏に反旗をひるがえす。このとき、不狃は孔子を召しかかえようとした。 | |
| 五〇一 | 五二 | 孔子、魯の中都の宰(町長)となる。近隣の町村の人びとまでも生活の乱れがなおった。このころ司空、司寇などの職を歴任する。 | |
| 五〇〇 | 五三 | 孔子、魯の定公に従って斉の夾谷に会合したとき、斉の景公と名相晏子を向こうにまわして大活躍をし、会議を有利にみちびいた。 | |
| 四九九 | 五四 | 夾谷の会合の際の功績により大司寇に任ぜられて、大臣の列に加わる。 | |
| 四九八 | 五五 | 孔子、三桓氏打倒計画を実行しようとしたが、中途で不成功に終わる。 | |
| 四九七 | 五六 | 孔子、魯を去って衛に行く。衛から曹、宋、鄭、陳、蔡、楚、衛など諸国をまわっての流浪の生活が、これより十四年間つづく。 | ピタゴラスなくなる（四九七ごろ）<br>呉王闔廬越王勾践と戦い敗れる（四九六）<br>呉王夫差、越王勾践を会稽山に破る（四九四） |

| | | | |
|---|---|---|---|
| 四八四 | 六九 | 孔子、衛から魯に帰る。 | ペルシア戦争（四九二から四七九） |
| 四八二 | 七一 | 息子の鯉なくなる。顔淵なくなる。 | 呉王夫差、中原に進出し覇者となる（四八二） |
| 四八〇 | 七三 | 子路、衛の国の内乱にまきこまれて、戦死する。 | |
| 四七九 | 七四 | 孔子、老衰のためなくなる。 | 越王勾践、呉王夫差を破る（四七三） |

# 参考文献

■ここでは、主として新書版、文庫本で、比較的手にはいりやすいと思われるものだけをあげてみた。

孔子　貝塚茂樹著　岩波新書　昭26
中国の知慧　吉川幸次郎著　新潮社　昭28
（同書は新潮文庫に収められている）
孔子　和辻哲郎著　角川文庫　昭30
論語と人間孔子　山田統著　明治書院　昭40
「論語」新釈　魚返善雄訳　学生社新書　昭32
論語　金谷治訳　岩波文庫　昭38
論語　現代に生きる中国の知恵　貝塚茂樹著　講談社現代新書　昭39
現代訳　論語　下村湖人訳　角川文庫　昭42
論語私感　武者小路実篤　現代教養文庫（社会思想社）　昭43
論語物語　下村湖人著　角川文庫　昭26

■やや専門的にわたるが、主として参考とした文献等はつぎのようである。

論語新釈　上下　内野台嶺著　賢文館
掌中論語の講義　諸橋轍次著　大修館書店
論語　吉田賢抗著　明治書院
論語　上下　吉川幸次郎著　朝日新聞社
論語総説　藤塚鄰著　弘文堂
孔子　横浜中華学院蔵　東方出版社
孔子学説与現代文化　張其昀著（右蔵）　中国書刊儀器社
支那文化と支那学の起源　後藤末雄著　第一書房
日本・支那・西洋　後藤末雄著　生活社

本書中のカットの若干については、横浜中華学院使用のテキストから引用させていただいたことに深謝します。

# さくいん

## 【書　名】



## 【人名・地名】

―完―

孔《こう》　子《し》■人と思想《しそう》2　　定価はカバーに表示

1969年9月25日　第1刷発行©
2016年7月25日　新装版第1刷発行©
2017年5月30日　新装版第2刷発行

・著　者　…内野熊一郎《うちのくまいちろう》・西村《にしむら》　文夫《ふみお》・鈴木《すずき》　總一《そういち》
・発行者　……………………………………渡部　哲治
・印刷所　…………………………図書印刷株式会社
・発行所　…………………………株式会社　清水書院

〒102-0072　東京都千代田区飯田橋3－11－6
Tel・03(5213)7151～7
振替口座・00130－3－5283
http://www.shimizushoin.co.jp

検印省略
落丁本・乱丁本は
おとりかえします。



CenturyBooks

Printed in Japan
ISBN978-4-389-42002-4

CenturyBooks

# 清水書院の〝センチュリーブックス〟発刊のことば

近年の科学技術の発達は、まことに目覚ましいものがあります。月世界への旅行も、近い将来のこととして、夢ではなくなりました。しかし、一方、人間性は疎外され、文化も、商品化されようとしていることも、否定できません。

いま、人間性の回復をはかり、先人の遺した偉大な文化を継承して、高貴な精神の城を守り、明日への創造に資することは、今世紀に生きる私たちの、重大な責務であると信じます。

私たちがここに、「センチュリーブックス」を刊行いたしますのは、人間形成期にある学生・生徒の諸君、職場にある若い世代に精神の糧を提供し、この責任の一端を果たしたいためであります。

ここに読者諸氏の豊かな人間性を讃えつつご愛読を願います。

一九六七年

SHIMIZU SHOIN